│光明社科文库│

学前教育政策的
伦理正当性

田涛 ◎著

光明日报出版社

图书在版编目（CIP）数据

学前教育政策的伦理正当性 / 田涛著 . -- 北京：
光明日报出版社，2020.1
（光明社科文库）
ISBN 978 - 7 - 5194 - 5590 - 3

Ⅰ.①学… Ⅱ.①田… Ⅲ.①学前教育—教育政策—
伦理学—研究—中国 Ⅳ.①G619.20

中国版本图书馆 CIP 数据核字（2020）第 011525 号

学前教育政策的伦理正当性

XUEQIAN JIAOYU ZHENGCE DE LUNLI ZHENGDANGXING

著　　者：田　涛

责任编辑：郭思齐　　　　　　　责任校对：张　幽
封面设计：中联学林　　　　　　特约编辑：田　军
责任印制：曹　诤

出版发行：光明日报出版社
地　　址：北京市西城区永安路 106 号，100050
电　　话：010-63139890（咨询），63131930（邮购）
传　　真：010 - 63131930
网　　址：http://book.gmw.cn
E - mail：guosiqi@gmw.cn
法律顾问：北京德恒律师事务所龚柳方律师

印　　刷：三河市华东印刷有限公司
装　　订：三河市华东印刷有限公司
本书如有破损、缺页、装订错误，请与本社联系调换，电话：010 - 63131930

开　　本：170mm×240mm
字　　数：220 千字　　　　　　印　　张：16
版　　次：2020 年 1 月第 1 版　　印　　次：2020 年 1 月第 1 次印刷
书　　号：ISBN 978 - 7 - 5194 - 5590 - 3
定　　价：95.00 元

序 言
研究教育当无止境

因应用伦理学的勃兴，伦理问题成为学界多个学科研究的热点。应用伦理学基于对实践领域伦理问题的自觉意识，其旨趣指向基于伦理的自为行动。当前，行政伦理、商业伦理、网络伦理、护理伦理、管理伦理、法律伦理、犯罪伦理、经济伦理等的研究都在不断深入，政策伦理亦然。政策是典型的社会决策，政策的相关者往往会对政策的"好"或"坏"进行思量。政策在形式上表现为政策主体为实现特定目标而选取的方案，该方案需要符合特定的伦理诉求。同时，无论是政策问题的确认、政策方案的设计与选择，还是政策执行、政策监控与评估，以及政策终结，都必然受到特定伦理的支配。因此，政策关涉伦理，任何一项政策都应体现特定的伦理诉求。就政策伦理而言，政策科学在发展中需突显政策应有的伦理意蕴，应对政策中的伦理问题，突显伦理道德对政策的规范与指引。

近年来，学界对学前教育的财政、师资、课程、农村等领域的政策问题已有不少研究成果，学前教育政策伦理研究也应当并正在成为学前教育政策研究的重要生长点。学前教育政策伦理问题是学前教育政策伦理取向、伦理反思、伦理实现等一系列问题的统称。学前教育政策伦理问题通常与社会的价值观念密切相连，藏于具体现象之后，具有内隐性。在学前教育中，"什么样的学前教育政策是善好的政策"是学前教育政策最基本的伦理问题之一。这一问题其实是对学前教育政策伦理正当性的追问，是时代变迁对学前教育政策提出新任务、新要求的现实回应和必然结果。从此意义而言，历时的学前教育政策变迁既是政策各要素的变迁，也是政策伦理的变迁。

成都大学青年学者田涛的《学前教育政策的伦理正当性》（以下简称《正当性》）一书的选题前言，不仅对丰富和完善学前教育政策的伦理诉求具有理论和实践价值，对推进和深化学前教育政策的理论研究和实践研究也具有现实意义。《正当性》一书即将付梓，我作为他过去的老师有幸先睹，非常高兴以至不少往事也涌上心头。

田涛出生农家，"总角"之年考入人们至今尚频频追忆乃至称颂不已的中等师范学校。三年后，因其品学兼优而被保送到四川师大教育学专业读书，可算正式走上了研学教育理论的人生之路；我执教师大，自然与其相识。又四年，他再因品学兼优而被保送到教育学原理专业继续攻读硕士学位；我忝为导师，进而与之结缘。八年前，四川师大教育学专业获得博士学位授权，田涛在激烈的博考竞争中脱颖而出，以优异的成绩成为我的第一个博士生。在接下来的四年里，他战胜生活的清贫和研究的艰辛，孜孜矻矻、焚膏继晷，撰写出有较高质量的博士学位论文，并在答辩中的表现为同行专家们称道，被评为"优"。田涛由教育学入门而探讨其原理，再由一般性原理而专究学前教育原理，积学力十余载。《正当性》一书，可谓"十年磨一剑"的作品！

纵览《正当性》，似有以下亮点值得关注：其一，基于对学前教育政策静态解读的反思，尝试对学前教育政策进行动态解读，突出政策主体的能动作用、凸显政策行动的过程设计、强调政策文本的纽带作用。其二，提出"动态—系统"的分析框架，强调政策要素与伦理正当性理论的内在契合，从内容伦理、过程伦理和主体伦理三个维度丰富和完善学前教育政策的伦理诉求，重建学前教育政策的伦理正当性。其三，提出学前教育政策的伦理体系，强调以奠基幼儿美好生活为根本伦理诉求，并基于幼儿本己时间的视角探索幼儿美好生活的可能面貌。当然，《正当性》值得关注的地方，或许不限于此?！要想知道"梨子滋味"，不妨"亲口尝尝"。

研究教育当无止境！这或许既是田涛既有求学经历的勾勒，也可看作我对他未来的寄语。

是为序。

吴定初

2019 年春写于师大电梯公寓"无名斋"

目　录
CONTENTS

绪　论 …………………………………………………………… 1

一、问题的提出　2

二、研究意义　7

三、已有研究述评　10

四、研究思路与方法　30

第一章　学前教育政策的伦理正当性危机 ……………………… 34

一、学前教育政策伦理正当性危机的表现　34

（一）学前教育政策过程的公正性与民主性　35

（二）学前教育领域实践的伦理引领与治理　37

（三）学前教育质量的伦理内涵　39

（四）学前教育领域的公平与均衡　41

二、学前教育政策伦理正当性危机的实质　45

（一）伦理正当性危机：现实困难与可能生机　45

（二）伦理正当性危机：价值共识与价值分歧 47

三、学前教育政策伦理正当性危机的已有解答 51

（一）公平取向 51

（二）效率取向 54

（三）公益普惠取向 58

（四）健康快乐取向 63

四、已有解答的反思 66

（一）已有解答的评述 67

（二）反思已有解答的分析框架 72

第二章 学前教育政策伦理正当性的重建理路 …………………… 77

一、"动态—系统"框架的提出 77

（一）学前教育政策的动态解读 78

（二）从简单化到系统化的伦理诉求 84

（三）系统化学前教育政策伦理诉求的意义 90

二、伦理正当性解读 95

（一）伦理正当性的内涵考察 96

（二）伦理正当性的理论解读 102

三、学前教育政策伦理正当性的重建维度 110

（一）学前教育政策伦理正当性重建的三个维度 110

（二）不同重建维度之间的关系 114

第三章 基于幼儿美好生活的学前教育政策内容伦理正当性 … 117

一、学前教育政策内容伦理的导向 118

（一）面向学前教育领域利益关系调整　118

（二）导向学前教育领域一种可能生活　122

二、学前教育政策内容伦理的完善　127

（一）学前教育政策内容伦理的构成　127

（二）学前教育政策内容伦理的完善路径　129

三、学前教育政策内容伦理的美好生活取向　137

（一）美好生活的特质　138

（二）学前教育为幼儿美好生活奠基　143

（三）学前教育政策与美好生活　147

四、幼儿美好生活的可能面貌　150

（一）幼儿美好生活的本己时间视野　150

（二）幼儿本己时间对外在时间的超越　154

（三）基于幼儿本己时间的美好生活　159

第四章　基于过程正义的学前教育政策过程伦理正当性 ……… 165

一、学前教育政策过程伦理的外在表现　165

（一）政策利益相关者广泛参与　166

（二）政策环节完整　167

（三）政策过程高效　168

（四）政策外部程序连贯　169

二、学前教育政策过程正义的基本指向　171

（一）促进学前教育政策过程的正当性　172

（二）保障学前教育政策内容伦理的实现　172

（三）约束学前教育政策主体的行为　173

（四）协调学前教育政策领域的利益冲突　174

三、学前教育政策过程正义的价值诉求　175

（一）学前教育政策的过程民主　175

（二）学前教育政策的程序正义　177

（三）学前教育政策的手段正当　182

四、学前教育政策过程正义的实现　185

（一）相关者深度商谈　185

（二）程序制度保障　188

（三）过程适时监控　189

第五章　基于责任担当的学前教育政策主体伦理正当性　………　191

一、学前教育政策主体伦理解析　191

（一）学前教育政策主体的构成　192

（二）学前教育政策的主体伦理　195

二、学前教育政策主体伦理的外在表现　197

（一）学前教育政策主体积极作为　197

（二）学前教育政策主体勇于担当　198

（三）学前教育政策主体行动结果完善　200

三、学前教育政策主体的责任伦理　201

（一）学前教育政策主体责任的内涵　202

（二）责任伦理与信念伦理　204

（三）基于责任担当的学前教育政策主体伦理　208

四、学前教育政策主体责任伦理的实现　210

（一）提升政策主体责任素质　210

（二）完善政策主体责任制度　213

结　语 ……………………………………………… **216**

参考文献 ………………………………………… **219**

后　记 …………………………………………… **238**

绪　论

每一项政策通常都会面临"是否是好政策"的追问。这一追问其实是人们对政策是否具有正当性的日常反思。"人生来就具有关于正当和不正当的观念。"① 政策因关涉众多相关者的利益，理应回应人们的正当性追问。就此角度而言，学前教育政策也不例外。

学前教育政策是促进学前儿童健康成长和学前教育事业良好发展的重要保障。学前教育政策的重要价值致使社会学、经济学等领域的研究者为之侧目。美国学者詹姆斯·赫克曼（James Heckman）认为："没有任何一项政策能够如学前教育政策那样，因为具有优于其他阶段教育政策的投资回报率以及满足了公共的家庭需求，因而得到经济学家的垂青与社会的认可。"② 学前教育政策的价值固然重大，然而在国民教育各阶段中，学前教育阶段的政策似乎最需要反思与完善。有论者在梳理改革开放后的教育政策时指出，最让人觉

---

① 〔德〕海因里·希罗门. 自然法的观念史和哲学［M］. 姚中秋译. 上海：上海三联书店，2007：21.

② Heckman, James J. Policies to Foster Human Capital［J］. Research in Ecnomincs, 2000，（1）：3-56.

得不安的就是学前教育政策。① 出现如此情况明显与学前教育的重要价值不相匹配，同时也无法应对人们"是不是好的学前教育政策"的正当性追问。而之所以如此，与学前教育政策的伦理问题没有得到有效化解关系甚密。要促进学前教育政策的发展与完善，促进学前儿童健康成长和学前教育事业良好发展，需要对学前教育政策的伦理问题进行积极回应和解答。

一、问题的提出

首先，学前教育政策伦理问题逐渐成为学前教育政策研究的主要问题，需要从理论上加以回应、探讨和解答。理论应有解释现实、指导实践和预测未来的功能，理论功能的发挥源于理论的系统化与完善化，而对理论本身所涉及的重要问题进行分析，才能确保理论的完备。

学前教育政策理论要发挥其应有的功能，需要对学前教育政策中的重要问题进行深入探究。学前教育政策研究是学前教育学的后起研究领域。近年来，随着人们对公共政策的伦理问题的关注，学前教育政策的伦理问题也逐渐凸显，并成为学前教育政策研究的主要问题。政策是国家政治的表现形式。国家的政治行动的正当性源于对共同善的关注，以此为出发点，政治行动才能受到大多数人的认可或支持，从而具有合法性。"政府的伦理是制定良好公共政策的前提。在这个意义上，伦理比任何单一的政策都重要，因为所有的

---

① 张秀兰. 中国教育发展与政策 30 年［M］. 北京：社会科学文献出版社，2008：20.

政策都依赖于伦理。"① 如若政治行动缺乏对共同善的关注，必将因缺乏正当性而失去合法性，从而得不到大众的支持。因此，政策作为政治行动的载体，需要指向善的追求，将人的生活导向一种好的生活、值得过的生活。这是政策需要体现的道德关怀。

关于政策过程，无论是政策问题的确认、政策方案的设计与选择，还是政策执行、政策监控与评估，以及政策终结，都必须受到特定伦理的支配。"伦理问题在政策科学及政策分析中占有突出的重要地位，以至于有的学者如邓恩称政策科学或政策分析为应用伦理学。"② 从应用伦理学的角度看，伦理问题是政策的核心，任何一项政策都是特定伦理的体现。当政策在道德上缺乏或伦理指向不明时，其正当性将会受到质疑，合法性也随之消解。由此可见，伦理问题已受到政策研究者的普遍关注，这种趋向也影响了学前教育政策研究。

学前教育政策与其他公共政策相比具有更为强烈的对共同善的关注与追求。学前教育政策是教育领域的政策，因教育的育人特性与人文特质而更强调其道德旨趣。并且，学前教育的对象是幼儿，他们缺乏自我护理的能力，更需要现实的关注、关爱和关怀，更需要学前教育政策表现出慈幼、爱幼和护幼的道德情怀。在过去较长一段时间里，人们较多从利益分配、技艺手段、配套规则等角度关注学前教育政策，学前教育政策伦理的重要地位没有得到应有的凸显。随着人们对学前教育政策伦理的关注，政策主体越来越意识到

---

① Dennis F. Thompson. Paradoxes of Government Ethics ［J］. Public Administration Review，1992，52（3）：254－259.

② 陈振明. 政策科学——公共政策分析导论［M］. 北京：中国人民大学出版社，2003：566.

伦理在学前教育政策中的价值，从而在政策制定与实施过程中强调政策的合伦理性，倡导主流的伦理精神，以此为学前教育政策提供正当性。"教育政策必须以一定的伦理原则作为自己的价值基础，人们也总是通过对国家教育政策正义与否的判断而对现有的教育活动结构、秩序做出相应的反应，没有伦理基础的教育政策是不现实的。"① 学前教育政策伦理是学前教育政策的道德诉求，意在促进学前教育事业的良好发展，让学前儿童过上一种理想的生活。如果学前教育政策伦理陷入困境，学前教育发展将会偏离方向，学前儿童的理想生活也将没有保障。可以说，充分论证和解答学前教育政策的伦理问题是提高学前教育政策质量的基本途径，是学前教育政策理论发展的必然诉求。

其次，已有学前教育政策虽有明确的伦理诉求，但需要对这些伦理诉求进行正当性反思。这既是教育研究理论自觉的基本趋向，也是学前教育实践发展的必然诉求。

学前教育政策的伦理诉求是学前教育政策的道德原则和规范，具有维护和提升学前教育政策的权威、彰显和落实国家伦理追求、保障和增进社会福祉、回应和引领学前教育实践等积极意义。从实然角度看，当前学前教育政策的伦理诉求通常从社会和个人两个角度表现出来。就社会的角度看，其往往强调公平、公益和普惠。

2010 年出台的《国务院关于当前发展学前教育的若干意见》指出，"发展学前教育，必须坚持公益性和普惠性，努力构建覆盖城乡、布局合理的学前教育公共服务体系，保障适龄儿童接受基本的、

---

① 孙艳霞. 教育政策道德性研究——义务教育城乡差距的归因与路径探析 ［D］. 长春：东北师范大学，2006：52.

有质量的学前教育"。① 2014 年出台的《教育部 国家发展改革委 财政部关于实施第二期学前教育三年行动计划的意见》强调，"坚持公益普惠，进一步优化学前教育资源配置，公办民办并举，努力提高学前教育公共服务水平"。② 从个体的角度看，通常强调"健康快乐"。2010 年出台的《国家中长期教育改革和发展规划纲要（2010—2020 年）》明确指出"遵循幼儿身心发展规律，坚持科学保教方法，保障幼儿快乐健康成长"。③ 2012 年出台的《3—6 岁儿童学习与发展指南》强调"建立对幼儿发展的合理期望，实施科学的保育和教育，让幼儿度过快乐而有意义的童年"。④ 由此可见，学前教育政策的伦理诉求较为丰富和多元。

对于已有学前教育政策的伦理诉求是否具有正当性或在多大程度上具有正当性需要进一步反思和论证。如公平的伦理诉求，有论者将其视为学前教育根本的伦理追求，认为就学前教育而言，相关教育政策的出台，是为推进学前教育公平建设提供最重要的保障。⑤ 与此同时，也有研究认为公平只是人们实现幸福的手段或方式，不是人们所追求的最终价值目标。⑥ 甚至有论者指出，就公平而言，

---

① 国务院关于当前发展学前教育的若干意见［EB/OL］．中国政府网，2010 - 11 - 24.

② 教育部 国家发展改革委 财政部关于实施第二期学前教育三年行动计划的意见［EB/OL］．中华人民共和国教育部官网，2014 - 11 - 05.

③ 国家中长期教育改革和发展规划纲要（2010—2020 年）［EB/OL］．中国政府网，2010 - 07 - 29.

④ 3 - 6 岁儿童学习与发展指南［EB/OL］．中华人民共和国教育部官网，2010 - 10 - 09.

⑤ 吴荔红．基于公平的学前教育政策保障［J］．宁波大学学报（教育科学版），2010（6）：24 - 26.

⑥ 苗振国．幸福学视角下的公共政策价值重塑［J］．燕山大学学报》（哲学社会科学版），2007（3）：45 - 48.

我们需要的是高质量的公平或有质量的公平，这是我们追求的目标。"低质的教育公平是没有价值的，唯有教育品质的全面提升才是教育公平的最佳保障。"① 再如快乐的伦理诉求，有论者认为学前教育政策最终目的就是要促进学前儿童的快乐成长。但也有论者认为"快乐"一词在伦理意义上具有含混性，"人必须言说益处，因为快乐可能是有害的"。② 由此可见，虽然已有学前教育政策有明确的伦理诉求，但却需要对这些伦理诉求进行反思，从而确保这些伦理诉求具有正当性。

再次，学前教育领域的实践伦理问题需要学前教育政策对其进行伦理回应、治理和引领。学前教育政策应观照实践、反思实践、指导实践，实践既是学前教育政策的现实出发点，也是学前教育政策的基本指向。

学前教育领域的实践伦理问题主要包括学前教育政策实践的伦理问题和学前教育实践的伦理问题。一方面，学前教育政策过程中存在一些伦理问题，如学前教育政策过程中相关主体参与度并不广泛，广大民众、教师和学前儿童家长等主体参与政策制定、监测等过程的几率不高，导致政策的科学性民主性不足。同时，学前教育政策主体在实践中也存在作为不积极等现象，这些伦理问题将直接影响学前教育政策目标的实现和政策效益的发挥。

另一方面，学前教育实践中存在不少伦理缺失或道德失范的现象，需要学前教育政策从根本上进行伦理引领。在学前教育实践中，

---

① 蔡迎旗，冯晓霞. 论我国幼儿教育政策的公平取向及其实现 [J]. 教育与经济，2004（2）：33 – 36.
② 刘小枫. 城邦与自然——亚里士多德与现代性 [M]. 北京：华夏出版社，2010：137.

伦理缺失或道德失范的现象依然时有发生。如近年来备受社会关注的幼儿园虐童事件，给学前儿童集体喂药事件，以及幼儿园无证办园事件，幼儿园校车安全事件等，集中反映出学前教育实践层面的道德失范问题。面对学前领域实践层面的伦理问题，迫切需要学前教育政策进行伦理回应和治理、伦理规范和引导。而当前学前教育政策伦理现状似乎难以全面有效地应对实践中的伦理问题。因此，我们需要反思学前教育政策的正当性，丰富学前教育政策的伦理诉求，完善学前教育政策的伦理体系。

综上，在学前教育政策领域，理论诉求和实践问题意味着学前教育政策的伦理正当性在一定程度上受到质疑。正当性是一种价值判断，是对行为、制度等是否符合某种价值规范的评价结果。对学前教育政策正当性质疑意味着政策原有的伦理诉求并不完善，这就需要修正、调整和丰富学前教育政策的伦理诉求，从而重建学前教育政策的伦理正当性。

二、研究意义

本研究旨在通过对学前教育政策伦理正当性问题的审视，丰富和完善学前教育政策的伦理诉求，系统构建学前教育政策的伦理诉求体系，重建学前教育政策的伦理正当性。失却了道德标准和伦理体系的教育政策，理论上可能是舍本逐末，背离了教育的核心目标和追求，丧失了教育的主体性；实践上则可能会引起教育道德的严重滑坡，甚至导致教育的大倒退甚至彻底崩溃。① 这反映出系统构建学前教育政策伦理诉求体系的价值，展现出学前教育政策伦理正当性研究的意义。

其一，学前教育政策伦理正当性研究将积极回应学前教育政策中的伦理问题，并深化和拓展学前教育政策相关研究。学前教育政策伦理正当性问题是学前教育政策的基本问题，学前教育政策伦理研究理应成为学前教育政策研究的重要组成部分。探析学前教育政策的伦理正当性是对已有伦理诉求的积极回应与反思，这是在提出明确的伦理诉求之后必须开展的理论工作。因此，对该问题进行探讨是学前教育政策理论发展的逻辑进程，也是学前教育研究者自觉意识的基本体现。研究学前教育政策的伦理正当性是对学前教育政策本质的伦理追问，从而凸显学前教育政策的道德品质；又是对学前教育政策已有伦理诉求的审视，廓清学前教育政策伦理诉求的历史流变与现状；也是对学前教育政策应该以何种伦理体系为根基的反思，从而完善学前教育政策的伦理体系。因此，该研究将有助于丰富学前教育政策的伦理理论，拓展学前教育政策的理论范畴，对学前教育政策理论发展具有充实和引导意义。

其二，对学前教育政策伦理正当性研究有助于回应和澄清实践中的伦理问题，为积极引导实践提供参考。在此，"实践"既包括学前教育政策实践，即学前教育政策的制定、实施、监测、评价等活动；又包括学前教育实践，即促进学前儿童发展的教育活动。学前教育政策研究需要观照实践、反思实践、指导实践。实践既是学前

① 孙艳霞. 教育政策道德性研究——义务教育城乡差距的归因与路径探析［D］.
长春：东北师范大学，2006：59.

教育政策研究的现实源泉，也是学前教育政策研究的基本指向，脱离实际的研究将缺乏生命力。同时伦理本身蕴含实践的成分，与教育相关的实践活动离不开伦理关怀。本研究探析学前教育政策的伦理正当性，通过揭示学前教育政策的伦理属性，有利于彰显教育政策实践和学前教育活动的道德关怀与人文情怀；通过审视已有学前教育政策伦理，完善学前教育政策伦理体系，能积极回应学前教育政策实践和学前教育实践中的伦理问题，为指导学前教育政策实践和学前教育实践提供必要的参考，为学前教育领域的行动提供可能的方向。

其三，对学前教育政策伦理正当性的研究有助于反思当前的学前教育改革。近年来，整个教育领域改革的呼声从未停止，学前教育领域亦是如此。人们之所以如此期待教育改革，源于人们对理想教育的诉求。学前教育政策源于学前教育改革的现实需求，必然要对学前教育改革伦理进行回应与选择，最终为学前教育改革确定伦理方向。"教育政策中的伦理则是教育改革伦理问题的核心。"① 在此意义上，探讨教育改革中的伦理问题主要是探讨教育政策改革中的伦理问题，将教育政策改革中的伦理问题弄清楚了，教育改革中的伦理问题将会更容易化解和治理。因此，研究学前教育政策的伦理正当性有助于反思当前的学前教育改革，并适时引领学前教育改革的伦理方向。

---

① 孙绵涛. 试析教育政策伦理的局限性———一种后设伦理学分析的视角［J］. 教育研究，2012（7）：4 - 8.

三、已有研究述评

任何研究都需站在前人肩膀之上，将已有相关研究作为当下研究的出发点。否则，研究都将陷入要么自说自话、要么凭空臆想的境地，其研究意义也将大打折扣。因此，把握教育政策伦理相关研究、特别是学前教育政策伦理相关研究的现状对本研究的开展至关重要。可以说，关于教育政策伦理的研究是本研究的"大环境"；关于学前教育政策伦理的研究是本研究的"小环境"。

（一）关于教育政策伦理的研究

公共政策是教育政策的上位概念，其研究与发展历程直接影响到教育政策领域的研究与发展。20 世纪 60 年代以来，国外公共政策研究取得了长足的发展，伦理问题成为公共政策研究关注的重要领域，这种趋向也直接影响了教育政策研究。国内教育政策伦理研究晚于国外相关研究，其大致始于 20 世纪 80 年代末，与我国公共政策研究对政策伦理的关注趋势基本一致。20 世纪 80 年代中期以后，加强政策价值观、公共政策与伦理关系问题的研究是政策科学研究的新趋势。① 从已有教育政策伦理的研究成果看，似可分为以下几类。

1. 关于教育政策伦理具体取向的研究

此类研究大都基于教育政策和教育实践中的现实问题，探析教

---

① 陈振明. 政策科学——公共政策分析导论［M］. 北京：中国人民大学出版社，2003：566.

育政策应当具有的伦理取向。其中，不少研究都将视角聚焦于教育政策公平和效率问题。就公平问题而言，已有研究又大致可分为两种。

一种通过实例或数据展现教育领域的不公平现象，并提出具体的教育政策措施。如早在 20 世纪 60 年代，美国的《科尔曼报告》通过实证研究用大量数据反映了教育实践中的不公平现象，并提出了政策教育。科尔曼在其报告中指出："我们的责任是，对目前使用的看来是合理的方式所界定的不平等现状进行披露。"① 这些研究，尤为关注农村教育和弱势群体，提出通过补偿性政策，减小不同地区、不同群体之间的差异，促进教育公平。

另一种从政治哲学、社会学、文化学、伦理学、法学等学科的视野，观照教育公平问题，并提出相应的教育政策建议。如有研究关注当前教育政策中呈现出的公平、机会均等伦理问题，认为造成这些问题的原因是工具理性蔓延，功利主义盛行，重事实环境，重效率的物质基础；并认为公平与效率的价值选择失衡是上述原因集中性表现。而要矫正这些问题，就需要通过工具理性与价值理性的统一、功利主义政策向公平政策的转变等才能实现。② 就效率问题而言，研究大都着眼于教育政策的有效性，探讨效率的具体内涵和实现方式等。就公平与效率的关系而言，已有研究大都从历史的角度梳理二者关系，然后从现实角度反思二者应有的关系。其中，有研究强调公平优先于效率。如有论者指出，在和谐社会的建设过程

---

① 〔美〕詹姆斯·科尔曼. 教育机会均等的观念［M］//张人杰. 国外教育社会学基本文选. 上海：华东师范大学出版社，1989：186.

② 石火学. 当前教育政策伦理问题的原因与矫正［J］. 福州大学学报（哲学社会科学版），2010（5）：92-95.

中，教育政策伦理的评价标准要基于公平原则和效率原则，并正确处理公平和效率的关系，使教育政策追求的公平是维持一定效率的公平。① 而有研究则强调公平与效率并重。如有论者通过反思我国20世纪80年代以来的政策伦理取向，认为其过于重视效率而致使公平性不足，要应对教育政策的伦理问题，就需要"切实贯彻公平与效率并重的原则"。② 此外，在论及教育政策具体的伦理取向时，还有研究提出要以人为本、促进教育民主等。

2. 关于教育政策伦理一般理论问题的研究

此类研究主要从学理层面对教育政策伦理进行研究，涉及教育政策伦理内涵、本质、结构、意义、特征等基本内容。其中，已有研究对教育政策伦理内涵和意义有较多共识，大都认为其内涵是政策主体在调整教育利益关系时所应遵循的道德准则，认为其对教育政策理论研究、教育政策实践和教育实践都有积极意义。

有研究指出，教育政策伦理是教育政策主体调节教育利益所遵循的价值和规范，包括教育政策伦理价值和教育政策伦理规范两个层次。教育政策伦理的本质是规范教育政策客观存在的道德关系的准则体系，调整各种教育利益关系的有效手段，社会主流价值对教育政策的道德诉求。③ 有研究着眼于伦理性在教育政策中的重要意义，指出工具理性对价值理性的"僭越"、利益相关者参与政策生成的缺席、公共教育利益受到侵害等致使教育政策的伦理性缺失；要

① 石火学. 和谐社会建设中教育政策伦理的选择 [J]. 高等工程教育研究, 2007 (1)：44 – 46.
② 郑秋娟. 教育政策伦理存在的问题与调适对策 [J]. 教育科学论坛, 2010 (5)：5 – 7.
③ 石火学. 教育政策伦理的内涵、本质与意义 [J]. 电子科技大学学报 (社科版), 2010 (6)：88 – 91.

促使伦理性的回归，就需要将价值理性与工具理性统一起来，通过扩大公众参与机制实行政策的善治，并通过强化监督来保障公共利益的实现。① 有研究从教育政策所涉及的不同主体之间的利益关系这一角度，将教育政策伦理的结构划分为宏观、中观和微观三个层面。② 其中，宏观层面处理的是政府代表的公共利益和与政策目标群体总利益之间的抽象关系，对教育政策的"正义"或"善"进行伦理追问；中观层面回答的是通过何种程序与机制确保教育政策方案真正代表社会大众的教育利益需求；微观层面解决的是政策主体的个人利益问题，试图回答政策主体的德性或职业道德问题。论者在展出论述伦理问题时，从实质伦理、程序伦理和主体伦理三个角度切入。然而，论者并没有交代这三个角度是如何得来的，且对三者的关系也没有交代。

有研究对教育政策伦理进行反思性研究。如有研究运用后设伦理学视角，从"伦理"的含义、教育政策伦理规范的内容、伦理与道德的关系、教育政策的伦理价值等方面对教育政策伦理的局限性进行分析，认为教育政策伦理的局限性可以使人们在研究和运用教育政策伦理时，准确全面地把握教育政策伦理，全面发挥教育政策的作用，克服教育政策伦理所带来的局限性，从而更好地推动教育政策改革。③ 教育政策伦理一般理论问题研究通常晚于教育政策具体伦理问题研究。然而，人们对此类问题的关注既是实践发展的必

---

① 彭华安. 教育政策的伦理性：缺失与回归 [J]. 中国教育学刊，2011（3）：34－37.

② 刘世清. 教育政策伦理 [M]. 上海：上海教育出版社，2010.

③ 孙绵涛. 试析教育政策伦理的局限性——一种后设伦理学分析的视角 [J]. 教育研究，2012（7）：4－8.

然过程，也是研究逻辑的自然展现，其意义不可小觑。

　　3. 关于教育政策中主体伦理和过程伦理的研究

　　随着教育政策伦理问题研究的深入，人们对教育政策伦理的关注逐渐超出了政策文本的范围，开展关注教育政策中主体伦理和过程伦理。美国学者 David Halpin 和 Barry Troyna 明确指出，教育政策主体和教育政策过程都充斥着伦理问题。[1] 主体伦理和过程伦理是教育政策伦理的重要组成部分，国内外研究都较为重视。

　　一方面，就教育政策主体伦理而言，已有研究要么从公共权力的角度，论述教育政策主体伦理的构成、管理和实现方式等；要么从具体的案例或现象入手，阐释教育政策伦理败坏的原因及应对策略。有研究认为教育政策主体是实现教育公平和效率的伦理诉求的载体，提升政策主体的道德性至关重要；而对教育政策主体的道德要求应是诚信和服务，这对公平和效率的实现起着关键作用。[2] 另一方面，就教育政策过程伦理而言，已有研究集中探讨了过程伦理的内涵、构成要素、实质、类型、功能和实现条件等。有研究将教育政策过程伦理视为教育政策程序伦理，认为在制订与实施过程中，教育政策总是按照一定的顺序和步骤，并遵照相应规则进行的，这种顺序或步骤即教育政策程序的公正合理与否，直接影响着教育政策实质公正的实现与否。[3] 可见，教育政策的过程伦理和主体伦理应成为教育政策伦理的重要组成部分，需要人们在研究和实践中给

---

① David Halpin, Barry Troyna. Researching Education Policy: Ethical and Methodological Issues [M]. Washington, DC: The Falmer Press, 1994: 75 – 94

② 石火学. 和谐社会建设中教育政策伦理的选择 [J]. 高等工程教育研究, 2007 (1): 44 – 46.

③ 刘世清. 教育政策伦理: 内涵与基本问题 [J]. 教育理论与实践, 2009 (19): 16 – 19.

予充分关注。

4. 关于教育领域具体政策的伦理问题研究

随着研究的深入，已有关于教育政策伦理问题的研究视角逐步下移和聚焦，开始关注教育领域中某一具体领域的政策伦理问题，或教育领域中具体政策的伦理问题。这些研究涉及教育领域中多个具体领域和许多具体政策。如有研究从伦理学的视角分析教师教育政策的伦理诉求，认为教师教育政策应以追求公平、人道和理性为价值取向，以关涉教师幸福为伦理诉求。① 有研究以县域教师轮岗交流政策为例，分析了我国教育政策伦理的演变历程，并指出我国教育政策伦理需要以"复归于仁"为归宿。② 有研究关注高考加分政策的伦理价值，通过对我国国家层面的高考加分政策进行分析，对地方层面多个省市高考加分政策的比较研究，认为高考加分政策的改革进程体现出公平、效率、理性等伦理价值取向。③ 有研究通过考察我国的教育资源配置政策和重点校政策等，认为这些教育政策存在较为显著的城乡差异，从而进一步扩大了城乡教育的差距。④通过对这些教育政策进行伦理反思，论者认为要促进城乡教育的和谐发展，就需要保障利益相关者对教育资源的平等享用权利，并对弱势群体进行补偿。有研究关注特殊教育政策的伦理问题，认为特

---

① 王小红. 关涉教师幸福：教师教育政策的伦理诉求 [J]. 现代教育论丛，2008 (1)：82 – 84.

② 陈栋. 我国教育政策伦理的演变与走向——以县域教师轮岗交流政策为例 [J]. 湖南师范大学教育科学学报，2015 (6)：12 – 17.

③ 刘小鹏. 当前高考加分政策比较及其伦理价值分析 [J]. 现代教育科学（中学教师），2015 (3)：5 – 8.

④ 张家军，杨浩强. 我国教育政策的城乡差异及其伦理反思 [J]. 教育理论与实践，2012 (19)：16 – 20.

殊教育政策的伦理准则包括公共性伦理、特殊儿童利益补偿性伦理等，要促进特殊教育政策伦理的完善，就需要深化正义优先和全纳教育的伦理价值原则。① 此外，还有研究对我国流动儿童教育政策、学校体育政策、高等教育中的独立学院政策、高校贫困生资助政策、代课教师清退政策等中的伦理问题进行分析。

由此可见，学界对教育领域具体政策伦理问题的关注和研究已经十分细致和深入。这些研究虽然不是直接针对学前教育领域的政策，但其研究成果对学前教育政策伦理问题的研究有一定参考价值。

（二）关于学前教育政策伦理的研究

我国学前教育政策研究虽然起步较晚，但相关研究成果已十分丰富。其中，人们对学前教育政策伦理问题亦有不少研究成果，这些成果是本研究得以开展的前提和基础。

1. 关于学前教育政策公平问题的研究

在已有关于学前教育政策伦理的研究成果中，关于学前教育政策公平问题的研究成果最为丰富。这些研究成果大致可以分为三类：第一类是基于国内学前教育政策的实际探索学前教育政策的公平问题；第二类是通过比较的视域探索中国大陆以外国家和地区学前教育政策的公平问题及其启示；第三类是学前教育政策中公平与效率的关系研究。

就第一类而言，研究将学前教育政策当作实现学前教育公平的保障，学前教育政策的出台都旨在实现教育公平。有研究对我国学

---

① 王培峰. 特殊儿童教育公平问题的审思——特殊教育政策伦理分析视角［J］. 中国特殊教育，2014（3）：3-11.

前教育发展战略和基本政策进行了分析，认为坚持普及与公平一体化，既是中国学前教育发展战略，也是中国的基本教育政策。① 论者进一步分析了二者的关系，指出公平与普及互为因果，互为条件，普及是公平指导下的普及，公平是普及基础上的公平，就中国的学前教育来说，没有普及就没有公平，没有公平也难以实现普及。有研究论述了我国幼儿教育政策的公平取向及其实现途径，指出新中国成立以来，我国颁布了一系列有关幼儿教育的政策法规，以实现国家的教育方针。② 论者认为，这些政策法规代表了国家的意志，反映了国家主导形态的教育价值观，在这些教育价值观中，教育公平一直是国家和社会最关心的、孜孜以求的核心内容。有研究反思地方政府出台学前教育新政，指出促进学前教育公平已经成为我国学前教育事业发展的重要价值取向，强调政府应以更科学的方式逐步推进学前教育公平，让所有适龄儿童都享受到有质量的学前教育。③ 有研究从政策层面反思幼儿教育公平，认为幼儿教育是国民教育体系中的重要组成部分；促进幼儿教育公平必然是国家基本教育政策不可或缺的内容，也必然是改革与发展幼儿教育基本政策的准则。该研究还强调促进幼儿教育公平应当遵循教育公平共同的基本要求，努力追求教育机会的公平、教育过程的公平，以及公民享

① 韩清林 . "普及与公平"是中国学前教育发展战略和基本政策的必然选择 ［J］. 当代教育科学，2011（3）：31－35.

② 蔡迎旗，冯晓霞 . 论我国幼儿教育政策的公平取向及其实现 ［J］. 教育与经济，2004（2）：33－36.

③ 周燕 . 促进学前教育公平之政府责任——兼评"摇珠"入读公办幼儿园政策 ［J］. 教育导刊（下半月），2013（7）：5－7.

受教育质量、水平的公平。① 有研究解读了《国家中长期教育改革和发展规划纲要（2010—2020年）》中有关学前教育的表述，指出教育公平已经成为国家教育政策的基本取向。② 论者认为，该取向下的学前教育发展方向与目标是基本普及学前教育，应然举措是重点发展农村学前教育，发展路径是政府主导、社会参与、公办民办并举的办园体制。

　　不少研究基于比较视野评价中国大陆以外国家和地区的学前教育政策，并总结相关经验与不足。有研究关注弱势群体的早期教育政策，认为从制度和经费等方面，确保弱势幼儿能够平等享受学前保教服务，已成为西方发达国家实施教育民主、推动社会公平的重要措施，国家应该通过立法确立早期弱势群体的教育补偿等制度，以促进弱势群体早期教育的发展。③ 有研究着眼英国免费学前教育政策，总结了其具体举措与经验：禁止免费学前教育机构以任何借口收取费用；确保来自不同郡县的迁徙幼儿，也能享有同等的免费学前教育；促进教育公平和全纳教育，满足特殊幼儿的需要，实现其潜能的充分发展。④ 有研究在介绍国际经合组织早期教育政策专题调查报告的基础上，提出我国在制定和实施早期教育政策的思

---

① 成尚荣. 促进幼儿教育公平政策层面的思考［J］. 早期教育（教师版），2008（1）：8.
② 闻声. 对教育公平政策取向下的学前教育发展规划的思考［J］. 教育导刊（下半月），2010（9）：1.
③ 谭友坤，卢清. 试论弱势群体的早期教育政策支持［J］. 内蒙古师范大学学报（教育科学版），2006（2）：33–36.
④ 胡恒波. 英国实施免费学前教育的政策、举措及经验［J］. 学前教育研究，2013（7）：48–54.

考。① 论者认为，政策制定应当更多地思考公平问题，从而更多地
关注弱势群体，更多地关注缺少早期教育机会的儿童及其家庭，而
不是更多地将注意力放置在一些样板学前教育机构上去锦上添花。
有研究关注澳大利亚幼儿保育政策的演变，指出自上世纪90年代以
来其幼儿保育政策注重效率和效益的特点，并反思了其经验与教
训。② 论者指出，学前教育财政政策应明确补助获益的群体首先是
低收入家庭的儿童，体现公共财政补偿的原则，保证弱势儿童不因
家庭收入状况而失去平等接受学前教育的机会。有研究关注奥巴马
政府的学前教育政策，认为奥巴马政府执政以来，从政策制定和财
政投入上为全面促进美国学前教育朝着公平、普及和高质量的方向
发展做了积极努力。③ 有研究关注美国处境不利儿童补偿教育政策，
自20世纪60年代以来，美国学前教育政策发展和演变的价值取向
突显"排富扶弱"的特点，具体表现为运用国家资源，为处境不利
儿童建立学前教育机构，帮助其获得学前教育机会。④ 研究指出，
借鉴美国学前教育政策具有重要现实意义，从而制定和实施"弱势
补偿"方案，确保学前教育机会公平；实施准入和监控制度，确保
学前教育质量；通过立法保障和增大资金投入，促进学前教育事业
健康持续发展。有研究着眼于美国早期教育弱势资助政策，认为对

---

① 朱家雄. 制定与实施促进社会公平与和谐的早期教育政策——国际经合组织早
  期教育政策专题调查报告及其启示 [J]. 教育导刊（幼儿教育版），2006
  (12)：4－6.
② 刘颖，冯晓霞. 澳大利亚幼儿保育政策的演变及启示 [J]. 学前教育研究，
  2012 (8)：11－18.
③ 宋占美，夏竹筠. 公平与质量的持续求索与挑战——奥巴马政府学前教育政策
  的再审思 [J]. 黑龙江高教研究，2013 (8)：5－8.
④ 宋占美，阮婷. 美国处境不利儿童补偿教育政策及其对我国的启示 [J]. 学前
  教育研究，2012 (4)：25－29.

弱势儿童早期教育进行补偿性资助是实现社会公平正义的起点；对弱势儿童的资助是社会公平正义的基础，不能履行这种责任的政府，就不是一个符合伦理的、民主的政府。① 有研究分析丹麦、芬兰、韩国、美国、新西兰、法国、巴西等世界主要国家学前教育免费政策，指出其免费学前教育政策主要呈现出分阶段逐步推进免费学前教育，以弱势群体为优先，重点保障免费对象，促进学前教育公平等特点；并强调我国应逐步扩大免费范围，并不断提高免费保障标准与水平，不断推进我国学前教育的普及与公平。② 有研究在比较英美两国学前教育政策法律的基础上，指出英美两国重视学前教育政策法规建设，加大资金投入，促进教育公平，建立监督评估机制，提高学前教师待遇等，可为我国学前教育的改革和发展提供借鉴。③ 有研究分析台湾地区弱势儿童学前教育扶助政策，指出台湾地区在幼儿教育改革与实践中，不断加大对来自中低收入家庭、原住民与离岛地区家庭和残障家庭的弱势幼儿群体的教育扶助工作力度，具体通过确保所有幼儿入园机会均等、提升幼儿教学品质、改善幼儿教学环境和关注幼儿日常生活等政策，逐步建立起以切实促进教育公平为核心价值观的扶助教育政策体系。④ 可见，在这类研究中，研究者大都将目光聚焦于经济发展水平较高、学前教育发展较好的

---

① 刘小强，王德清．美国早期教育弱势资助政策研究［J］．比较教育研究，2012（11）：81－85.

② 庞丽娟，夏婧，张霞．世界主要国家和地区学前教育免费政策：特点及启示［J］．比较教育研究，2010（10）：1－5.

③ 周小虎，赵然．英美两国学前教育政府职责的比较及其启示——教育政策法规的视角［J］．外国教育研究，2010（3）：37－42.

④ 李振玉，关永红，程绍仁．台湾地区弱势儿童学前教育扶助政策及其启示［J］．教育发展研究，2012（24）：78－82.

欧美发达国家和地区。

同时，不少研究在关注学前教育政策中的公平问题时，还常常将其与效率结合起来，并探析二者应有的关系。由于学前教育资源数量的有限性和资源利用的有效性，人们对学前教育政策中的效率问题较为关注。有研究以江苏省南京市从 2011 年秋季起在幼儿教育领域开始给每个幼儿发放 2000 元面额的助学券为例，对幼儿教育券的价值进行了阐释，并对幼儿教育券政策进行审思。① 研究指出，幼儿教育券政策应体现对入学机会公平、地区均衡等问题的关注。有研究基于教育券思想，对政府投资幼儿教育券政策进行了理论梳理和实践反思，并通过比较美国、英国、我国台湾地区以及我国浙江宁波镇海区幼儿教育券政策，指出在建设和谐社会目标的指引下，我国政府对幼儿教育的投资需要在兼顾效率和公平方面寻找改善的策略。② 有研究基于公平与效率关系的视域，对我国学前教育政策的历史进行梳理，指出以往政策因过于注重效率而对公平有所忽视，从而导致了当前学前教育事业中的诸多不公现象。③ 论者认为，公平高于效率，是学前教育政策的出发点和归宿，在此基础上提出必须出台恰当处理公平与效率关系的学前教育政策，坚持弱势补偿，以学前教育公平作为出发点，走一条学前教育均衡发展之路，才能满足人民群众日益增长的学前教育需求。有研究结合我国广西等地学前教育的实际，分析了促进学前教育蓬勃发展的财政政策应坚持

---

① 刘优良．幼儿教育券：价值阐释与政策审思——以南京市幼儿助学券为例 [J]．中国教育学刊，2012（11）：15 – 18.

② 方钧君．基于教育券思想的政府投资幼儿教育政策研究 [D]．上海：华东师范大学．2007：5.

③ 武岭．公平与效率关系视域下的我国学前教育政策研究 [D]．重庆：西南大学，2010：28.

的原则。① 研究指出，在推进学前教育发展的过程中，应坚持教育资源的公平分配和有效分配并重的原则，加大对贫困地区、农村地区、流动人口、残疾儿童及低收入群体适龄儿童的政策倾斜力度。此外，还有研究从政策角度关注早期儿童教育质量平等，认为政策要保持质量及其教师待遇等相关维度的平等。

2. 关于学前教育政策公益普惠问题的研究

近年来，我国学前教育相关政策如《国家中长期教育改革和发展规划纲要（2010—2020 年)》和《关于当前发展学前教育的若干意见》等，都强调学前教育的公益性与普惠性。基于国家的政策导向，部分研究者对学前教育政策的公益普惠问题进行研究。

这些研究成果涉及学前教育政策公益普惠的内涵、目标、衡量标准和实现路径等多个方面。有研究根据《国家中长期教育改革和发展规划纲要》等分析当前我国学前教育政策的价值取向。② 研究指出，公益性和普惠性是学前教育政策最根本的价值取向，是学前教育发展的基石和归宿，各级政府在全面了解学前教育基本现状和当地社会需求的基础上，编制学前教育政策时均体现了公益性和普惠性等价值取向。有研究着眼于《国家中长期教育改革和发展规划纲要》等新政策下的幼儿园新文化建设，指出根据当前一系列政策文件，学前教育的属性已由原来的福利性、教育性转变为公益性、普惠性、科学性；并指出从政策传递的信息看，国家正致力于建构学前教育的新制度框架、新体制机制、新文化属性，公益性、普惠

---

① 邓小莲. 促进广西学前教育蓬勃发展的财政政策思考［J］. 经济研究参考，2012（23）：26 - 28.
② 印义炯. 当前我国学前教育政策的价值取向分析与建议［J］. 文山学院学报，2013（4）：102 - 104.

性、科学性成为学前教育的新文化追求。① 有研究着眼于普惠性学前教育，认为普惠性学前教育是我国学前教育改革的政策目标，并指出我国推进普惠性学前教育必须解决三个核心问题：政策的合法性，稳定可靠的财政支持体系，国家供给的中国特色。②

不少研究着眼于普惠的价值诉求，对其进行价值分析。有研究对我国普惠性学前教育政策的价值诉求进行分析，指出发展普惠性学前教育是我国学前教育政策的一次重要转向，实现教育公平、提高教育质量和基本普及学前教育，成为普惠性学前教育政策的价值诉求。③ 有研究分析普惠性幼儿园的内涵、衡量标准及其政策建议，认为普惠性幼儿园的构建是党和国家解决当前学前教育"入园难""入园贵"问题的重要举措，各级政府在构建普惠性幼儿园时应明确普惠性的内涵，从人民群众的利益出发建构普惠性幼儿园标准，并制定相应的配套政策。④ 有研究借用公共政策的价值分析研究内容，从教育普惠政策的价值选择、合法性和有效性三个价值向度对学前教育普惠政策的价值进行了分析，指出解决"入园难"，普惠弱势群体，促进教育公平是学前教育普惠政策的价值体现；符合教育公平性和公益性原则，强调对弱势群体的扶助是学前教育普惠政策的合法性体现；国外学前教育普惠政策实施对学前教育状况的改善是学

① 王海英. 公益性、普惠性、科学性——新政策背景下的幼儿园新文化建设 [J]. 幼儿教育，2011 (Z6)：1-4.

② 王东. 普惠性学前教育：内涵与政策意蕴 [J]. 教育科学，2014 (2)：26-31.

③ 索长清. 普惠性学前教育政策的价值诉求 [J]. 教育导刊 (下半月)，2013 (3)：20-24.

④ 秦旭芳，王默. 普惠性幼儿园的内涵、衡量标准及其政策建议 [J]. 学前教育研究，2012 (7)：22-26.

前教育普惠政策的有效性体现。[①]　有研究对当前我国学前教育政策的价值取向进行了分析，根据《国家中长期教育改革和发展规划纲要》和学前教育"国十条"认为，各级政府在全面了解学前教育基本现状和当地社会需求的基础上，编制学前教育政策时均体现了公益性和普惠性、战略性和有效性的价值取向。[②]

　　部分研究关注普惠性政策的实践。有研究基于北京市学前教育政策与实践，认为当前北京市农民工随迁子女学前教育机构数量众多，满足了大部分随迁子女接受学前教育的需求，这类机构具备以下三个特征：全面覆盖性、低收费性、提供基本而有质量的学前教育；并认为这些随迁子女学前教育机构符合教育平等与教育公平理念，因而是一种普惠性的学前教育机构。[③]　有研究分析了辽宁省实施学前教育普惠政策的实践探索，指出辽宁省政府通过实施一系列的普惠政策来缓解"入园难""入园贵"问题，主要包括恢复成立省幼教处，统筹学前教育发展；建立学前教育资助制度，扶助弱势群体家庭；加大财政投入，建设普惠性公办园为主；创新办园体制，推行集团化连锁式模式等。[④]　有研究分析了我国地方普惠性民办园教师政策，认为国内普惠性民办园教师发展的地方政策探索有两种途径：一是通过普惠性民办园管理政策保障教师队伍建设，二是直

---

① 秦旭芳，王默.学前教育普惠政策的价值分析［J］.教育研究，2011（12）：28－31.
② 印义炯.当前我国学前教育政策的价值取向分析与建议［J］.文山学院学报，2013（4）：102－104.
③ 余晖，黄亚婷.以普惠性为导向设定农民工随迁子女学前教育机构准入标准——基于北京市政策与实践的分析［J］.学前教育研究，2013（2）：8－13.
④ 秦旭芳，王默.实施学前教育普惠政策的实践探索——以辽宁省为例［J］.教育导刊（下半月），2012（6）：12－15.

接为普惠性民办园教师队伍建设提供财政支持。① 可见，人们对学前教育政策公益普惠问题的研究虽然历时不长，但研究涉及的范围已较为广泛，相关研究成果也较为丰富。

3. 关于学前教育政策价值问题的研究

学前教育政策价值问题是学前教育政策伦理问题的上位概念，因此并非所有的学前教育政策价值问题都是伦理问题。学前教育政策伦理是政策体现的道德准则，当学前教育政策的价值问题涉及道德性，或进入伦理学的视野，学前教育政策的价值问题就成为伦理问题。

在已有学前教育政策价值问题的研究中，不少研究其实是对学前教育政策伦理问题的研究。有研究分析新中国成立后我国学前教育政策价值取向的演变，指出我国学前教育政策价值取向经历了从偏重社会需要到注重儿童全面发展，从强调整齐划一到推行个性化教育、关注儿童特殊需要的价值取向转变。② 有研究对我国 1978 年以来幼儿园与家庭关系政策的价值进行了历史考察，指出改革开放以来我国家园关系政策体现出"儿童利益优先""家庭教育与幼儿园教育相结合而以幼儿园教育为主""教育平等""环境是重要的教育资源""组织应加强与外部环境的交流和联系"等价值取向。③ 有研究梳理我国学前教育政策的演变历程，认为每一个时期或阶段的学前教育政策的制定实施都有其特定的历史背景，表现出不同的政

---

① 梁慧娟. 我国地方普惠性民办园教师政策分析及其启示 ［J］. 学前教育研究，2014（6）：30 – 38.

② 邢利娅，白星瑞. 建国后我国学前教育政策价值取向的演变 ［J］. 学前教育研究，2008（3）：13 – 15.

③ 岳爱峰. 1978 年以来我国幼儿园与家庭关系政策的价值分析 ［D］. 济南：山东师范大学，2003.

策内容及特点；并强调纵观改革开放以来我国制定的学前教育政策始终强调以儿童的发展为本，对儿童实施全面发展的教育，促进儿童的和谐发展。① 有研究对我国学前教育财政投入政策的价值诉求进行了分析，认为学前教育财政投入政策要处理好公平与效率、稳定与发展、普适性与针对性的关系，并指出我国学前教育财政投入和政策改革应追寻的价值取向是教育公平，使我国的学前教育朝着内涵式、结构性方向发展。② 有研究分析了英国"新工党"执政期间的学前教育政策及其价值取向，指出英国学前教育政策在自身的演进过程中，改革成绩有目共睹，体现了新工党对于社会公平和民主社会的追求，同时也体现了国家和政府部门对儿童教育和保育的重视。③ 有研究分析了台湾地区幼儿英语教育政策的价值取向。④ 研究指出台湾的幼儿英语教育政策是以保护学龄前幼儿身心发展之最大利益为前提，基于依法行政、尊重专业及衡量与这一政策攸关的重要关系人的利益为前提下制定的。

此外，还有研究关注学前教育政策伦理的一般理论问题。如有研究针对《国务院关于当前发展学前教育的若干意见》《3—6岁儿童学习与发展指南》等学前教育领域的重要政策，探析学前教育政

---

① 赵辛. 论中国学前教育政策演进之特点 [J]. 剑南文学（经典教苑），2013（2）：278 - 280.

② 唐文秀. 论我国学前教育财政投入政策的价值诉求 [J]. 内蒙古师范大学学报（教育科学版），2013（6）：4 - 6.

③ 周小虎. 英国"新工党"学前教育政策及其价值取向 [J]. 外国中小学教育，2011（2）：16 - 19.

④ 王善安，杨晓萍. 台湾幼儿英语教育政策的价值取向及启示 [J]. 当代学前教育，2009（3）：47 - 48.

策伦理诉求的源泉。① 研究认为，学前教育政策的伦理诉求既源生于政策过程的公共性品质，又立基于教育活动的育人性特质，还植根于学前阶段的慈幼性品质。当然这类研究对学前教育政策伦理理论的建设具有重要意义，但研究成果还不够丰富，尚需进一步加强。

（三）已有研究评析

梳理相关文献可以发现，人们对学前教育政策伦理问题的关注从无到有、由少到多，研究成果已较为丰富。并且，学前教育政策伦理问题的研究已成为相关研究者的共同兴趣点，成为学前教育政策相关成果的重要生长点。同时，已有研究成果也有其特定的价值，在一定程度上提升了人们的认识，化解了实践中的矛盾，并为后续相关研究奠定了基础。然而，已有研究也存在一些缺憾，为后续研究留下尚可进一步思考和探寻的空间。

其一，已有对学前教育政策伦理问题的探讨缺乏系统的视野。

已有研究在对学前教育政策伦理问题进行探讨的过程中，往往指向于某一层面或维度的伦理诉求，缺乏系统性和整全性。基于系统的视野，学前教育政策伦理诉求应是一个伦理体系。在学前教育领域，已有研究往往注重探析学前教育政策内容的伦理规范和诉求，我们可以将其视为内容伦理；而忽视学前教育政策过程的伦理规范和诉求，我们可以将其视为过程伦理；也常常忽视学前教育政策主体的伦理规范和诉求，我们可以将其视为主体伦理。因此，学前教育政策的过程伦理和主体伦理问题需要进一步探析，以应对现实中

---

① 田涛，吴定初. 论学前教育政策伦理诉求的源泉［J］. 四川师范大学学报（社会科学版），2015（2）：114 – 119.

的过程伦理和主体伦理问题。同时，学前教育政策内容伦理、过程伦理和主体伦理三者的关系也需要进一步厘定清楚。

虽然教育政策伦理问题的相关研究已认识到教育政策伦理的构成并不单一，认为包括实质伦理、程序伦理和主体伦理等；然而，已有研究几乎都没有交代提出这三个构成部分的划分依据，也没有论述三者之间的关系。如此一来，即便教育政策的伦理构成从单一走向了多元，依然是一种简单化的累加，缺乏系统性。并且，程序伦理并不能完全涵盖过程伦理的全部。程序伦理往往只关注政策程序步骤、环节等是否具有道德性，而过程伦理除了要关注政策程序步骤、环节等是否具有道德性，还要关注政策过程中措施、方法和手段等是否具有道德性。因此，程序伦理只是过程伦理的一个组成部分。

同时，基于系统的观点和学前教育政策伦理诉求的实然状态，学前教育政策的内容伦理通常从社会和个人两个维度表现出来。而已有研究通常注重社会维度的伦理诉求，无论是公平效率还是公益普惠，通常都在社会维度上展开。这种忽视个人维度伦理诉求的现状不能不说是相关研究的缺憾。以至于有研究明确指出，"政策决策者应该从人性的角度看待学前教育的公共属性和教育性，然后制定教育政策"。① 因此，要解答学前教育政策的伦理问题，不仅要强调个人维度的伦理诉求，而且需要研究社会和个人两个维度伦理诉求的关系。由此可见，在研究学前教育政策伦理问题的过程中，我们需要有系统的视角，既着眼于学前教育政策伦理诉求构成的多样性，

---

① 李海港，杨双双，杨迎春. 两岸学前教育政策比较研究［J］. 内蒙古师范大学学报（教育科学版），2013（4）：7-9.

又着眼于学前教育政策伦理诉求构成成分的关联性，从而完善学前
教育政策的伦理诉求体系。

其二，已有对学前教育政策伦理诉求的研究缺乏有效的正当性
反思。

已有研究虽然对学前教育政策的伦理问题进行了较广泛的关注，
并明确提出学前教育政策的伦理诉求，如公平、公益、普惠等。然
而这些伦理诉求在何种程度上具有正当性需要进一步论证。已有研
究往往将公平等取向视为学前教育政策根本的伦理诉求。公平诉求
建立在伦理学的义务论基础之上，虽有合理之处，但也有其明显不
足。公平虽然是学前教育政策伦理的重要取向，但还不是根本的伦
理追求。公平仅仅是人们生活得好的条件。公平之后，学前教育领
域中的人应该如何生活依然是一个问题。

缺乏有效正当性论证的伦理诉求难以应对理论的诘难，难以回
应人们"是否是好政策"的追问。政策科学的鼻祖拉斯韦尔（Har-
old D. Lasswell）就指出，随着政策科学面向未来，其就需要"建立
一种以解决社会中人生的更大问题为方向的科学"。① 并且，就人们
对学前教育现实需求而言，其已经不仅仅是公平的需求，而是对有
质量甚至是高质量公平的需求。可见，只有对学前教育伦理诉求有
了明确的认识和充分的正当性论证，才能为学前教育政策和学前教
育实践提供根本的方向。"教育政策的最高境界并不是运用高明的技
艺手段去完善政策体系本身及其配套规则，而是要使政策所包含的
伦理道德规范符合民众内心的价值精神，获得伦理道德上的正当性

---

① Harold D. Lasswell. The Future of Political Science ［M］. New York：Atherton Press，
1963：39.

和合理性的充分论证。"① 基于此，本研究将对学前教育政策本质进行伦理追问，对已有伦理诉求进行反思，对学前教育政策伦理诉求进行完善，从而重建学前教育政策的伦理正当性。

四、研究思路与方法

本研究探析学前教育政策的伦理正当性，并致力于重建学前教育政策的正当性。在研究过程中，本研究将遵循特定的逻辑线索：首先探析学前教育政策的伦理正当性危机，并梳理和反思对学前教育政策伦理正当性危机的已有解答；在此基础上，通过对学前教育政策的动态解读，对学前教育政策伦理诉求进行从简单化到系统化的转变，对伦理正当性的内涵与理论解读，确定学前教育政策伦理正当性的重建理路；之后，按照业已确定的重建理路，通过丰富和完善学前教育政策的伦理诉求，以求重建学前教育政策的伦理正当性。

根据研究思路，围绕基本问题，本研究将包括以下内容：导论部分提出问题，探析已有研究状况和本研究的意义、方法等内容。第一章探析学前教育政策的伦理正当性危机，梳理其危机的表现，概括对这一危机的已有解答，论述已有解答的可取之处和不足之处，并反思已有解答的分析框架。第二章探析学前教育政策伦理正当性的重建理路，提出有别于已有解答的分析框架，并确定学前教育政策伦理正当性的重建维度。第三章探析学前教育政策的内容伦理，

---

① 彭华安. 教育政策的伦理性：缺失与回归 [J]. 中国教育学刊, 2011 (3): 34 – 37.

明确学前教育政策内容伦理的指向、构成和完成路径，并探明学前教育政策内容伦理的具体内容。第四章探析学前教育政策的过程伦理，明确学前教育政策过程伦理存在的问题，探明学前教育政策过程伦理的具体内容，分析学前教育政策过程伦理的实现路径等。第五章探析学前教育政策的主体伦理，明确学前教育政策主体伦理存在的问题，探明学前教育政策主体伦理的具体内容，分析学前教育政策主体伦理的实现路径等。结语部分呈现研究结论，交代研究存在的不足和后续研究的方向。

工欲善其事，必先利其器。对每项研究和每位研究者而言，在研究开展之初明确研究方法至关重要。研究方法是"从事研究的计划、策略、手段、工具、步骤以及过程的总和，是研究的思维方式、行为方式以及程序和准则的集合。"① 因此，研究方法不仅包括具体方法、技术和策略等的运用，还内在地包括研究的方法论基础。由于本研究的方法论隐含在后文的分析框架之中，笔者在此主要交代本研究采用的具体方法。根据研究问题、研究思路和研究内容，本研究依据历史与逻辑相结合、描述与规范相结合、实例分析与理论研究相结合的原则，将主要采用以下方法。

其一，文献研究法。本研究涉及的文献包括两个方面，一是已有的研究文献，通过梳理已有的相关研究，确定需要解决的问题，寻找研究的突破点；二是已有的学前教育政策文献，主要是已有的政策文本，通过对政策文本的分析，探明学前教育政策的伦理诉求。要探析学前教育政策的伦理正当性，自然需要结合相关政策加以分

---

① 陈向明. 质的研究方法与社会科学研究［M］. 北京：教育科学出版社，2000：5.

析。基于研究问题与解题构想，本研究主要选取国家层面较为重要的学前教育政策文本为主要材料，如2001年公布的《幼儿园教育指导纲要（试行）》，2003年公布的《关于幼儿教育改革与发展的指导意见》，2010年公布的《国家中长期教育改革和发展规划纲要（2010—2020年）》，2010年公布的《国务院关于当前发展学前教育的若干意见》，2011年公布的《教育部关于规范幼儿园保育教育工作防止和纠正"小学化"现象的通知》，2012年公布的《3—6岁儿童学习与发展指南》，2014年公布的《教育部 国家发展改革委 财政部关于实施第二期学前教育三年行动计划的意见》等；同时适时选取部分地方层面的学前教育政策文本，进行文本分析，探析学前教育政策的伦理问题。

其二，调查研究法。为了把握学前教育政策过程中的伦理问题，本研究适时应用调查研究法。在具体的操作过程中，本研究主要以第二期学前教育三年行动计划制定过程为例，选取四川省及其行政区划范围内的部分市、区和县，通过调查其行动计划制定的主要负责人，了解其第二期学前教育三年行动计划的制定过程，包括该计划在制定过程中利益相关者参与情况、经历的环节、耗费的时间、制定过程的影响因素和行动计划出台后的利益相关者的反应等，以此分析学前教育政策过程中的伦理问题。当然需要指出的是，笔者在分析学前教育政策过程的伦理问题时并非只基于调查研究一种方法，而是强调将调查研究法与学前教育政策文本分析等多种方法结合起来。

其三，理论研究法。对于教育领域的基础研究，理论研究法必不可少。"教育科学的理论研究，是在已有的客观现实材料及思想理论材料基础上，运用各种逻辑的和非逻辑方式进行加工整理，以理论思维水平的知识形式反映教育的客观规律。"① 本研究在探析学前教育政策伦理正当性的过程中，从实然的学前教育政策出发，对学前教育政策伦理问题进行分析，并以此为切入口，进行深入的正当性反思，适时运用分析与综合、归纳与演绎等逻辑思维方法。在研究过程中，笔者既整理加工已有的资料与事实，又反思抽象出逻辑必然，从而试图丰富和完善学前教育政策的伦理诉求，并重建学前教育政策的伦理正当性。因此，本研究在应用理论研究法时基于学前教育政策的案例分析，从而强调理论研究与案例分析的相互结合，体现历史与逻辑相结合等原则。

---

① 裴娣娜. 教育研究方法导论 ［M］. 合肥：安徽教育出版社，1995：313.

第一章　学前教育政策的伦理正当性危机

当学前教育政策的伦理诉求不符合或不完全符合社会倡导的道德规范、没能满足人们的伦理期望时，就会引发人们对学前教育政策伦理正当性的质疑，从而导致学前教育政策的伦理正当性危机。因此，学前教育政策的伦理正当性危机并非源于国家伦理正当性危机，而是源于其政策本身未达到善好伦理规范的标准。在整个学前教育政策过程中，无论是政策问题的确认、政策方案的设计与选择，还是政策执行、政策监控与评估，以及政策终结，都必须受到特定伦理的支配。因此，学前教育政策必然要符合特定的善好规范，在学前教育领域导向一种共同的伦理诉求。学前教育政策伦理正当性危机意味着学前教育政策已有的伦理诉求并不完善，需要修正、调整或丰富，从而重建学前教育政策的伦理正当性。

一、学前教育政策伦理正当性危机的表现

学前教育政策伦理正当性危机通常与人们的伦理道德观念密切相连，当人们对学前教育政策进行伦理质疑时，意味着学前教育政

策中存在特定的伦理正当性问题或弊端，学前教育政策伦理正当性危机就此展现。

（一）学前教育政策过程的公正性与民主性

就学前教育政策而言，受其影响的群体都可视为学前教育政策的利益相关者，他们有权参与到学前教育政策过程中。学前教育政策过程需要建立起良好的利益相关者参与和监督机制，否则学前教育政策过程的公正性与民主性将受到质疑。"任何一个受决策影响的人都应当可以以某种方式参与到有权力做出公共政策的机构中去"。① 在学前教育政策过程中，利益相关者的参与度并不广泛，如广大民众、教师和学前儿童家长等主体参与政策制定、监测等过程的几率较低。而之所以出现如此现状，并不是因为这些利益相关者不愿意参与，而是因为学前教育政策过程中的利益相关者参与机制尚未有效建立，这些群体鲜有机会参与。有调查表明，在基础教育政策制定过程中，决策者调查教育一线工作者的意见、家长与学生的意见、以及有关专家的意见的仅占 35.2%、27.8% 和 40.7%。② 在我国，整个基础教育阶段包含学前教育、小学教育、初中教育和高中教育。由此可见学前阶段政策决策听取相关主体意见的比例较低。同时，即使部分家长、教师等学前教育政策利益相关者能参与到政策过程中，他们参与政策过程的范围也有限，常常被限定在学前教育政策问题确认、政策预案征求意见等阶段；而在学前教育政策执行、政策监测、政策评估、政策终结等阶段，常常少有参与的

---

① Raymond Gess. Public Goods & Private Goods ［M］. Princeton and Oxford：Princeton University Press，2003：54.

② 吴遵民. 基础教育决策论 ［M］. 上海：华东师范大学出版社，2006：416.

机会。可见，学前教育政策利益相关者参与政策过程的范围需要拓展，以彰显学前教育政策民主化的特点。

学前教育政策利益相关者参与度高和参与政策过程的范围广泛，学前教育政策才能很好满足利益相关者的需求。有研究对重庆市学前教育政策文本进行分析得出，地方学前教育政策往往过多地表达地方政府或行政机构的意志，而利益相关者的话语权普遍缺失，导致这些利益主体的需要和利益没有得到很好地满足。[①] 在此需要强调的是，在满足学前教育政策利益相关者的需求时，特别要关注幼儿的合理需求。满足幼儿需求的前提是恰当了解和把握幼儿的需求。然而在实践中，我们常常看到以成人的想象代替幼儿需求的情况。恰如有的学者指出的那样，儿童的需求都是成人建构出来的、是想当然的，这并非儿童自身的诉求。[②] 造成这一现象既与学前儿童的年龄特征有关，又与人们对学前儿童的忽视与低估有关。其实，学前儿童有自己的朴素理论，有自己独特的认知方式。"朴素理论的解释功能与预测功能，使儿童能以他们的方式理解周围世界。"[③] 只要成人通过恰当的方式与幼儿交流，并结合观察等手段，学前儿童的需求就能被恰当有效地感知。

总之，满足幼儿合理需求的学前教育政策才能促进幼儿的适宜发展。因此，学前教育政策过程要有良好的利益相关者参与机制，

① 胡福贞，邓家英，王睿慜，石敏，何浩. 重庆市学前教育体制改革政策文本的话语分析 [J]. 学前教育研究，2014（7）：26 - 34.
② Allison James, Alan Prout. Constructing and Reconstructing Childhood: Contemporary Issues in the Sociological Study of Childhood [M]. London: The Falmer Press, 1990: 8.
③ 鄢超云. 朴素物理理论与儿童科学教育 [M]. 南京: 江苏教育出版社, 2007: 62.

让他们的参与权充分实现，让其意见和建议得到合理表达，否则包括学前教育政策程序在内的过程公正性就会受到损害。就教育政策伦理而言，教育政策程序是否公正是其中一个重要内容和组成部分。① 通过建立起良好的学前教育政策利益相关者参与机制，才可能满足利益相关者的合理需求，保证学前教育政策的整个过程具有公正的品质。

（二）学前教育领域实践的伦理引领与治理

学前教育领域实践主要包括学前教育实践和学前教育政策实践。学前教育实践和学前教育政策实践中的伦理缺失或道德失范的现象需要学前教育政策进行伦理引领和治理。

如若学前教育实践中出现伦理缺失或道德失范的现象，会在一定程度上损害学前教育政策的伦理威信，导致人们对学前教育政策伦理正当性的质疑。伦理缺失或道德失范现象包括学前教育的管理者在行使公共权力过程中以权谋私、学前教育者在教育过程中道德缺失或败坏等。前者如学前教育领域中存在的乱收费、滥用公款等现象。有媒体报道，北京有的幼儿园一个班有 4 种收费方式，家长都期盼出台民办幼儿园收费标准；重庆学前教育良莠不齐，民办幼儿园收费名目多，公办幼儿园收高额"赞助费"；安徽合肥幼儿园收费有明有暗，民营幼儿园的收费高通常在明处，他们会明码标价，但是公立幼儿园的收费高却常常处于暗处，部分公立幼儿园会设立不同种类的项目来达到收费的目的，平价幼儿园稀缺。② 学前教育

---

① 刘世清．教育政策伦理［M］．上海：上海教育出版社，2010：84.
② 樊未晨，涂源，胡艳平．各地学前教育乱收费现状调查［EB/OL］．中青在线，2010－03－06.

者在教育过程中道德缺失或败坏等如幼儿园园长、教师在实施学前教育政策过程中对学前儿童进行体罚、变相体罚，无故停课等给学前儿童利益和成长带来伤害的现象，也反映出学前教育实践层面的道德失范问题，严重影响学前儿童的身心健康发展。

在现实生活中，人们常常期望学前教育政策具有前瞻性和有效性，既能积极预防或减少学前教育实践中伦理问题发生的几率，又能对学前教育实践中已经发生的伦理问题进行积极回应和有效治理。而学前教育领域中存在的乱收费、滥用公款等现象，学前教育者在教育过程中对学前儿童进行体罚、变相体罚，无故停课等给学前儿童利益和成长带来伤害等现象，没能有效满足人们的期望。当这一期望没能满足和实现时，人们会将部分原因归结于学前教育政策伦理的不足或缺失，从而质疑学前教育政策的伦理正当性，进而出现伦理正当性危机。

在学前教育政策实践中，存在着学前教育政策主体作为不积极、不主动等现象，影响学前教育事业的可持续发展。同时，由于学前教育政策主体作为不积极等原因，致使政策主体对学前教育中可能出现的问题没能及时排查、监督和预判，使学前教育政策主体可能陷入被动应对的"救火式"境地。"教育政策与教育实践的关系不能只是头痛医头、脚痛医脚"。① 要改变学前教育政策这种"头痛医头、脚痛医脚"的现状，就要让学前教育政策具有前瞻性和引领性，就需要政策主体的积极作为与担当。

---

① 徐赟. 教育政策研究的一个可能视域——教育政策与教育实践的关系 [J]. 扬州大学学报（高教研究版），2014（3）：3–7.

（三）学前教育质量的伦理内涵

学前教育政策对学前教育质量的伦理内涵界定不够明确具体，无法满足和回应人们对学前教育质量伦理内涵的追问。近年来，整个教育领域改革的呼声从未停止。人们之所以如此期待教育改革，源于人们对教育质量的诉求。在当前的学前教育改革中，人们十分重视学前教育的质量。学前教育质量直接关系到个人的发展、民族的素质和国家的未来，以至于国家不仅要让学前儿童能入幼儿园，还要让学前儿童享受高质量或有质量的学前教育。对有质量或高质量学前教育诉求，反映了人们对优质学前教育的期待。当前，世界各国对学前教育在促进幼儿发展、社会进步等方面的重要价值已有基本共识。然而，这些价值得以彰显不是基于无质量或低质量的学前教育的假设，而是基于有质量或高质量的学前教育的假设。因此，质量是学前教育价值实现的前提，学前教育可能益处都源自学前教育的质量。在扩大学前教育服务范围的过程中，如若没有对质量进行关照，无论是对学前儿童还是对整个社会，都会有不良影响。①可以说，对学前教育质量的关注已成为国内外学前教育改革与实践的重点，不少国家都通过对学前教育政策的调整来回应。

欧美发达国家在制定学前教育政策的过程中已不仅强调公平，而且非常重视质量。如挪威，早在 20 世纪 90 年代，挪威议会就做出了要提升学前教育质量的决议。美国在 1994 年颁布了《2000 年目标：美国教育法》（Goals 2000：Educate America Act），指出要让美

---

① 何锋. 20 世纪以来美国联邦政府"反儿童贫困"政策的演变及启示——促进儿童健康的角度［J］. 教育理论与实践，2015（13）：25－29.

国所有适龄儿童接受高质量的学前教育。同时，一些发展中国家也通过政策导向，在强调公平的基础上突出质量。如地处南亚的印度，在 2005 年颁布了《国家儿童行动计划》（National Plan of Action for Children），其中就提出，"普及学前教育，使所有儿童获得高质量教育"。① 可见质量是当前学前教育政策关注的重点。

虽然人们都强调质量的重要性，但对质量的界定却众说纷纭，没有形成统一的质量观。在现实中，人们对"质量"的理解有不小差异，甚至相互矛盾。某些人秉持的学前教育质量观，在另一些人看来恰恰是低质量的或没有质量的。如在学前教育中有人认为让学前儿童多识字、多学些算术知识是有质量的；有人认为让学前儿童自由玩耍就是有质量的；而有人认为促进学前儿童在学前阶段适宜的发展才是有质量的。之所以会产生如此大的分歧，源于文化、视角、观念等多方面的原因。在当前的教育问题中，质量问题俨然已是谈得最多但却说法不一，而且说得很不清晰的教育问题。② 可见，试图让不同团体或个人对学前教育质量的内涵达成完全共识存在不小困难。然而，分歧并不应成为对质量形成基本共识的障碍。对学前教育政策而言，要规范和引领学前教育中的实践行为，就需要对质量的内涵进一步明确或澄清。

基于教育的育人特性，伦理维度是阐释质量必不可少的基本维度。只有在学前教育政策中恰当诠释质量的伦理内涵，才能为学前教育提供改革与发展的伦理方向，才能使提升学前教育质量的过程

---

① 庞丽娟. 国际学前教育法律研究 [M]. 北京：北京师范大学出版社，2011：184.

② 李建忠. 欧盟教育质量标准评述 [J]. 中国教育政策评论，2010（1）：257 - 272.

有伦理保证。"将教育政策改革中的伦理问题弄清楚了,教育改革中的伦理问题也就会迎刃而解。"① 因此,在学前教育政策中明确质量的伦理内涵有助于化解和治理学前教育改革与实践中的伦理问题,引领人们对学前教育质量的伦理内涵有清晰恰当的认识。在当前的学前教育政策中,对质量的界定往往集中在场地建设、师资配置等容易监测的维度,而对质量的伦理维度没有明确的规定,常用"遵循幼儿身心发展规律"等一概而过,致使质量的伦理内涵不清晰,无法满足和回应人们对质量清晰具体的伦理内涵的追问,影响学前教育政策的伦理正当性。

(四) 学前教育领域的公平与均衡

学前教育领域中的公平问题需要学前教育政策对其进行全面而有效的治理。相对于其他阶段的教育事业,国家对学前教育事业公共教育资源的投入和分配似显不足。要求公共教育资源在各个阶段教育公平的投入与分配,并不是要求对学前教育、小学教育、中学教育等各阶段的投入与分配比例均等,而是要求对学前教育的投入与分配达到学前教育可持续发展的标准。而近年来,国家对学前教育的投入与分配过少,没有达到应有标准,致使学前教育的发展受到一定影响。从 2001 年到 2009 年,学前教育的经费占国民生产总值(GDP)的比重一直在 0.05% 到 0.07% 之间徘徊。② 直到 2010 年及其之后,学前教育的经费占国民生产总值的比重才有较大幅度增

---

① 孙绵涛. 试析教育政策伦理的局限性——一种后设伦理学分析的视角 [J]. 教育研究, 2012 (7): 4-8.
② 杨卫安. 我国未来学前教育投入的规划与预测 [J]. 学前教育研究, 2015 (8): 21-33.

加。之所以会在 2010 年及其之后出现较大幅度增加，是因为在 2010 年前后学前教育领域中的不公平现象已经比较严重，如"入园难""入园贵"等现象已成为社会普遍关注和亟待解决的问题。鉴于此，国务院出台了《国务院关于当前发展学前教育的若干意见》，指出要"多种渠道加大学前教育投入。"① 虽然在《国务院关于当前发展学前教育的若干意见》出台之后，国家对学前教育经费的投入大幅度提高，但与国际水平仍有不小差距。到 2014 年底，我国的学前三年毛入园率达到 70.5%；然而到 2014 年底，财政性学前教育经费所占比重只有 3.5%（见表 1-1）。

表 1-1　2005—2014 年财政性学前教育经费在财政性教育经费中所占比重（%）

年份	2005	2006	2007	2008	2009	2010	2011	2012	2013	2014
比重	1.3	1.3	1.2	1.3	1.4	1.7	2.2	3.2	3.5	3.5

（数据来源：2005—2014 年中国教育经费统计年鉴）

《〈国家中长期教育改革和发展规划纲要〉中期评估：学前教育专题评估报告》（以下简称《学前教育专题评估报告》）指出，根据国际经验显示，如果一个国家学前教育三年毛入园率处于 60% ~ 80% 的范围内，财政性学前教育经费在财政性教育经费中所占比重约为 7.73%。② 由此可见，现阶段我国财政性学前教育经费在财政性教育经费中所占比重，尚不到世界范围内同等学前教育发展水平的相关国家投入的一半，增加学前教育的投入势在必行。此外，根

---

① 国务院关于当前发展学前教育的若干意见［EB/OL］．中国政府网，2010 - 11 - 24.

② 《国家中长期教育改革和发展规划纲要》中期评估：学前教育专题评估报告［EB/OL］．中华人民共和国教育部官网，2015 - 11 - 24.

据联合国儿童基金会、世界经济合作与发展组织等的实践和经验表明，对于任何一个国家而言，要促进学前教育的可持续发展，其财政性学前教育经费需在国家财政性教育经费中所占比例约为 10%、需在国民生产总值（GDP）中所占比例约为 1%。① 如此看来，国家对学前教育阶段的投入和分配还需进一步加大，才能体现出资源投入与分配的公平特性，从而为学前教育事业的良好健康发展奠定基础。

学前教育在地区与区域层面存在明显的发展不均衡。一方面，在我国东部、中部和西部，学前教育在入园率、教育资源投入、教育条件、师资水平等方面存在较大差异，东部的发展水平优于中部，而中部又优于西部。另一方面，学前教育的城乡差异极大，城市学前教育在学前三年毛入园率、师资水平、硬件设施等方面明显优于农村地区。以学前三年毛入园率为例，2014 年，我国学前三年毛入园率为 70.5%。而甘肃省 58 个集中连片贫困县的学前三年毛入园率仅为 52.30%。② 可见，这些贫困县的学前三年毛入园率明显低于全国平均水平，二者相差近 20 个百分点。在近几年学前教育快速发展的情况下，这些贫困县的学前三年毛入园率也仅比 2009 年全国学前教育三年毛入园率 50.9% 高出不到两个百分点。

学前教育中的不公平还表现在园际之间。在同一地区，不同幼儿园在经费投入、师资配备、场地实施等方面也存在较大差异。如在财政生均公用经费拨款方面，有的城市对位于中心城区、近郊区（市）县和远郊区（市）县的公办幼儿园财政生均公用经费拨款依

---

① 王海英. 提高公办园比例势在必行 [N]. 中国教育报，2014 – 07 – 13.
② 《国家中长期教育改革和发展规划纲要》中期评估：学前教育专题评估报告 [EB/OL]. 中华人民共和国教育部官网，2015 – 11 – 24.

次递减。这一拨款方式看似因不同区域的消费水平体现出层次性而具有合理性，却似乎有违公平原则。依据美国学者罗尔斯（John Rawls）的正义理论，作为公平的正义有两个原则，首要的原则就是自由平等原则，即在自由体系中每个人相对于其他人都应有一种平等的权利。由此可见，在同一城市对不同地理位置的幼儿园有不同的财政生均公用经费拨款标准，似乎并不合理，是一种不平等的表现。当然在罗尔斯看来，社会和经济的安排并非不能有不平等的情况。在罗尔斯提出的差别原则中，其认为若存在不平等的安排，那如此安排应该着眼于最少受益者的最大利益。① 在我国现阶段，越是中心城区越是优质教育资源集中的区域，城区的幼儿园通常是最大受益者；而越向远郊地区走，优质教育资源越稀少。因此，远郊地区幼儿园师资配备、场地设施、教育资源等方面往往落后于城区的幼儿园，他们是最少受惠者。因此，这种公办幼儿园的生均财政性公用经费从中心城区到近郊区县、再到远郊区县逐渐减少的拨款标准不够妥当，除非当这些不同区域范围内的公办幼儿园在发展水平已经基本相当，方可根据消费水平来如此设计。否则，如此设计可能进一步扩大学前教育领域中的不公平现象。

自《国家中长期教育改革和发展规划纲要（2010—2020 年）》和《国务院关于当前发展学前教育的若干意见》等政策出台以来，学前教育事业获得了快速发展，但是学前教育领域中的不公平现象依旧存在，并需进一步化解。2015 年 11 月公布的《学前教育专题评估报告》指出，学前教育事业发展过程中城乡的差异依然明显、国

---

① 〔美〕约翰·罗尔斯. 正义论 ［M］. 北京：何怀宏等，译. 中国社会科学出版社，2009：237.

家财政性学前教育经费所占比重仍然较低等公平性问题会制约我国学前教育事业的可持续发展。① 可见，要实现学前教育的公平发展，尚需完善学前教育政策伦理体系，将公平置于伦理体系中的合理位置，从而对学前教育中的不公平问题进行全面而有效的治理，凸显学前教育政策的伦理正当性。

二、学前教育政策伦理正当性危机的实质

在现实生活中，当人们提及"危机"一词，往往会有不同常态的紧张感，这与人们将危机视为危险、危难有密切关系。由此可见，阐明学前教育政策伦理正当性危机的实质十分必要。将危机视为危险、危难并不能全面把握危机的实质，我们需要从现实困难与可能生机、价值共识与价值分歧的角度探析学前教育政策伦理正当性危机的实质。

（一）伦理正当性危机：现实困难与可能生机

在汉语中，"危机"一词有两个含义：一是"危险的根由"；二是"严重困难的关头"。② 第一个含义指向危机的来源，是由潜在或既定的困难造成。第二个含义指向危机的状态，预示着改变现状的必要性，只有改变现状才能摆脱困难。其实，两个含义虽有不同，却具有内在的联系，我们可将第一个含义视为第二个含义的原因，

---

① 《国家中长期教育改革和发展规划纲要》中期评估：学前教育专题评估报告［EB/OL］．中华人民共和国教育部官网，2015 - 11 - 24.
② 中国社会科学院语言研究所词典编辑室．现代汉语词典［M］．5 版．北京：商务印书馆，2005：1412.

即因特定的危险根由造成了困难的状态。

在英语中，与"危机"一词对应的通常是"crisis"。在《牛津英语词源词典》中，"crisis"亦有两个含义，一是"turning point of disease"；二是"vital or decisive stage in events"。[①] 第一个含义指弊端或疾病的转折点，预示着弊端带来的可能生机，其对"危机"的解读偏向于"机"。第二个含义指事件重要或决定性的阶段，和汉语第二个含义很接近，其对"危机"的解读偏向于"危"，预示着改变现状的必要性。由此，综合中英文的解释可以发现，危机是特定困难、问题或弊端的反应和状态，对事物的发展至关重要。当事物处于危机之中，将有两个可能的方向，一个方向指向"危"，事物的发展就愈加困难；另一个方向指向"机"，事物的发展由消极转向积极。而向第二个方向发展是危机本身预示的方向。因此，危机是现实困难与可能生机的有效结合与统一。

同时，当人们谈及"危机"中的困难时，通常有两种程度的困难情况，一种是严重的困难；一种是可能严重的困难。前一种情况表明现实的处境已确确实实非常艰难；而后一种情况表明现实的处境存在一定的困难但未必非常艰难，但如果不对现状加以改变，未来的处境将会非常艰难。因此，后一种情况，在一定程度上反映了主体的危机意识和对未来发展方向的预判。

哈贝马斯（Jürgen Habermas）曾指出："社会成员说到危机的时候，并不一定或并不总是就意味着社会陷入了危机。"[②] 这是一种类

---

① T. F. HOAD. 牛津英语词源词典［M］. 上海：上海外语教育出版社，2000：105.

② 〔德〕尤尔根·哈贝马斯. 合法性危机［M］. 刘北成，曹卫东，译. 上海：上海世纪出版社，2009：5.

似"先天下之忧而忧"的状态。对于政策而言，相关主体应尽量做到见微知著，从较小的问题预见到可能的严重困难，从而体现政策的前瞻性与引领性。恰如1983年美国高质量教育委员会发表的《国家处于危机之中：教育改革势在必行》重要报告那样，报告称国家处于危机之中，但并不是说美国已经处于非常艰难的境地，其时的美国依然是世界超级大国，只是在贸易、工业和科学技术等方面正在被世界其他国家追赶，对国家在全球的发展造成一定影响。为此，报告提出对教育体制进行根本性的变革，重建学习体系，全面提高教育质量。可以说，该报告提出的变化具有明显的前瞻性，引领了世界教育改革的方向与潮流。时至今日，世界范围内的教育改革依然强调重建学习体系、全面提高教育质量。

本研究提及的学前教育伦理正当性危机，正是强调危机的现实困难与可能生机，并凸显可能生机的积极价值。为此，我们可以将学前教育政策的伦理正当性危机视为对学前教育政策中特定的伦理问题或弊端的反应，对学前教育政策的发展至关重要。如若对此现状不加改善，学前教育政策的伦理正当性问题将愈加严重，从而逐步消减学前教育政策的价值，这是学前教育政策伦理正当性危机发展的可能方向之一。反之，如果积极应对这一危机，做出相应的调整和改变，学前教育政策伦理将会更加完善，学前教育政策的价值也将更好地发挥，并趋于价值最大化。

（二）伦理正当性危机：价值共识与价值分歧

正当性是对行为、政策、制度等是否符合某种价值规范的评价结果。当行为、制度等与某些价值规范相符时，便被认为具有正当性，反之则不具正当性。正当性也用于日常生活中，主要是指"个体行为、社会制度是否符合一般社会规范的感受，一种价值认同"。① 人们常常将正当性与合法性混为一谈，其实正当性比合法性更为根本。德国学者施米特（Carl Schmitt）就对二者进行过明确区分，认为"正当性的意思是符合正义的，合法性的意思是合乎法则的。"② 法则的确立需要符合正义，因此可将正当性看作合法性的基础。就学前教育政策而言，要具有合法性，只需要政策本身合乎法律法规，如教育法、教师法等。但该政策为什么值得遵守，其本身是否是善好的政策，其倡导的伦理诉求是否合理，为何要选择这些伦理诉求而非其他诉求，这些都不是合法性问题，而是正当性问题。政策、制度等要具有正当性，就需要符合特定的价值规范，并将这些价值规范变成值得遵守和追求的价值共识。

由于正当性在外在形式上表现为人们对行为、政策、制度等符合某种价值规范的认同与接受，正当性危机就可以看作是人们对行为、政策、制度等符合某种价值规范的质疑或否定所带来的困难境地。正当性危机是价值危机，或者说，由于没有达成某种共识而产生的价值共识危机。③ 对政策而言，要发挥其对政策活动的定向、调控、规范和评估等功能，其前提就是倡导并形成一种价值共识。否则，政策将缺乏凝聚力和感召力。没有达成某种价值共识或往往意味着一种本该得到普遍认可的价值规范受到了其他的价值观念的冲击、反驳，甚至代替。因此，正当性危机是价值规范冲突的结果，

---

① 郑富兴. 当代学校组织的伦理基础［M］. 北京：教育科学出版社，2010：4.
② 〔德〕卡尔·施米特. 政治的概念［M］. 刘宗坤，译. 上海：上海人民出版社，2004：402.
③ 王小章. 自由·共同体·正当性——经典社会理论与现代性的三个核心问题［J］. 学术论坛，2005（7）：106－110.

即人们认同的价值规范与政策、制度等倡导的价值规范的冲突。

就政策而言，善好的政策所体现的价值规范在形式上更可能得到普遍认同。此时，政策所体现的价值规范也就变成一种价值共识，并因而具有正当性。因此，当政策体现的价值规范只受到部分认同或一部分人的质疑，政策所体现的价值规范出现价值分歧，这就无法成为价值共识，从而出现正当性危机。在这些价值规范中，伦理道德规范是最重要的规范。由于政策与伦理的内在联系，政策的伦理正当性危机表现为政策所体现的伦理诉求不符合或不完全符合特定的善好伦理规范，没能成为一种伦理共识。

政策伦理正当性危机的出现可源于两种情况，一是政策制定者的伦理正当性受到质疑，政策的伦理正当性也就相应地受到质疑。政策是国家政治的表现形式，政策制定者通常是国家或政府，当国家或政府是非法的或不被人们认同时，其正当性便受到质疑。国家政治行动的伦理正当性源于对共同善的关注，以此为出发点，政治行动才能受到国家大多数人的认可或支持。"制定良好公共政策的基础是政府伦理，这意味着伦理比任何一项政策都更为重要，因为所有的政策都基于伦理。"① 如若政治行动缺乏对共同善的关注，必将缺乏伦理正当性。二是政策本身未完全达到或实现善好伦理规范的标准。当某项政策因没能有效解决实践中的伦理问题或未能增进该领域的公共利益等原因，都会引发公众对其伦理正当性的质疑，并导致伦理正当性危机。需要指出的是，政策的伦理正当性受到质疑时，国家的伦理正当性未必会受到质疑。

---

① Dennis F. Thompson. Paradoxes of Government Ethics [J]. Public Administration Review, 1992, 52 (3): 254 – 259.

国家伦理正当性是政策伦理正当性的必要条件而非充分条件。具有伦理正当性的国家在制定政策过程中可能因多种因素的影响致使制定出的政策不具伦理正当性。这意味着国家的伦理正当性并不保障政策都具有伦理正当性，政策不具伦理正当性也未必否定国家的伦理正当性。民众之所以有权追问其正当性，在于国家的权力源自民众部分权力让渡后的有效聚合。按照社会契约理论，自然状态下的人力量弱小，很难抵御各种自然威胁，生存难以为继。为了更好地生存和生活，他们需要将自己在自然状态中的部分权力让渡出来，组成团体或命运共同体，此时便由自然状态进入到社会状态。"由自然状态进入社会状态，人类便产生了一场最堪瞩目的变化；在他们的行为中正义就取代了本能，而他们的行动也就被赋予了此前所未有的道德性。"① 对于人民民主专政国家而言，其权力也自然是来自人民。"我们的权力是谁给的？人民给的。"② 共同体的权力既然源自民众，就必须更好地为共同体中的所有成员服务，并公平正义地保障其成员的合理需求和应得利益。

在学前教育政策中，各种伦理质疑意味着社会对学前教育政策的伦理期望没能实现或没能完全实现，这是学前教育政策的伦理诉求不符合或不完全符合社会倡导的伦理道德规范的体现，也是人们没有形成伦理共识的体现。作为共同体的国家在制定学前教育政策时，其做出一个决定和展开一次行动时，都应该受到道德审视，都应该接受其成员的正当性追问。学前教育政策是政治行动的载体与体现，需要指向善的追求，将学前领域的生活导向一种值得过的生

---

① 〔法〕卢梭. 社会契约论［M］. 何兆武，译. 北京：商务印书馆，2012：25.

② 中共中央毛泽东选集出版委员会. 毛泽东选集（第4卷）［M］. 北京：人民出版社，1991：1128.

活，这是政策应该体现的伦理诉求与道德关怀。

在整个学前教育政策过程中，无论是政策问题的确认、政策方案的设计与选择，还是政策执行、政策监控与评估，以及政策终结，都必须受到特定伦理的支配。因此，学前教育政策的伦理正当性危机并非源于国家伦理正当性危机，而是源于其政策本身未完全达到或实现善好伦理规范的标准，从而引发公众对其伦理正当性的质疑。由此可见，具有伦理正当性的学前教育政策必然要符合特定的善好规范，在学前教育领域导向一种共同的伦理诉求。学前教育政策伦理正当性危机意味着政策已有的伦理诉求并不完善，需要修正、调整或丰富，从而重建学前教育政策的伦理正当性。

三、学前教育政策伦理正当性危机的已有解答

应对政策伦理正当性危机的基本途径是修正、调整或丰富政策的伦理诉求，从而重建政策的伦理正当性。面对学前教育政策的伦理正当性危机，相关政策研究和政策实践都在积极应对和化解这一危机，期望学前教育政策的发展由消极转向积极。已有对学前教育政策伦理正当性危机的解答主要包括公平、效率、公益普惠以及健康快乐等四个方面。

（一）公平取向

基于学前教育领域中的公平问题和国内外教育政策的公平举措，人们提出促进学前教育公平的取向。这一取向认为，学前教育改革与发展要指向公平，学前教育政策应该以公平作为其基本的价值取向，学前教育政策是保证和促进学前教育公平的重要途径。如有论

者强调相关教育政策的出台既要为学前教育的发展提供保障，又要为推进学前教育公平提供的保障。① 公平取向大致包括三个方面的内容。

其一，增加入园学位与机会，普及学前教育，确保学前儿童受教育权的实现。由于学前教育的独特价值，自改革开放以来，学前教育政策都十分强调根据现实条件不断扩大办园规模，提供更多的学位，以求逐步实现基本普及学前教育的基本目标。近年来，随着国家与社会对学前教育的愈加重视，学前教育相关政策十分强调逐步扩大办园规模，并向着普及学前教育的目标迈进。2010 年出台的《国家中长期教育改革和发展规划纲要（2010—2020 年）》指出："把促进公平作为国家基本教育政策。教育公平是社会公平的重要基础。"该文件专章讨论了学前教育，并专门提出了基本普及学前教育的发展目标，强调到 2020 年，我国要"普及学前一年教育"，并要求有条件的地区要实现"普及学前三年教育"的发展目标。② 学前教育公平的关键是学前教育机会公平。普及学前教育的基本指向是保障适龄幼儿依法享有受教育的权利，为幼儿提供足够的学位，实现学前教育机会公平。

其二，重视学前教育资源的均衡配置，促进学前教育均衡发展。为了促进学前教育事业的公平发展，学前教育政策往往通过加大财政投入、改善办园条件、加强教师队伍建设等方面，促进学前教育事业的发展。在促进学前教育资源均衡配置的过程中，一些标准化

---

① 吴荔红. 基于公平的学前教育政策保障［J］. 宁波大学学报（教育科学版），2010（6）：24 - 26.
② 国家中长期教育改革和发展规划纲要（2010—2020 年）［EB/OL］. 中华人民共和国教育部官网，2010 - 07 - 29.

文件的出台，推动学前教育向着公平迈进。如 1988 年颁布的《国家教育委员会、建设部城市幼儿园建筑面积定额（试行）》、1992 年颁布的《幼儿园教具配备目录》等，有效地缩小了不同幼儿园在硬件条件水平之间的差距。有研究明确指出，相对于师资品质等方面公平状况，我国幼儿园在园舍面积和图书数量等方面的公平水平较高，这可能与我国统一制定《城市幼儿园建筑面积定额（试行）》和《幼儿园教具配备目录》等政策有关。[①] 近年来，城乡幼儿园之间的硬件差距越来越小，这是学前教育均衡发展的重要成就。

其三，关注与补偿弱势群体和落后地区，促进学前教育公平。关注与补偿弱势群体和落后地区是促进学前教育公平的有效体现和基本策略。通过补偿，可以改善学前教育领域弱势群体、弱势区域的不良处境，以此减少学前教育发展中的不公平现象，促进学前教育的均衡发展。罗尔斯在论述作为公平的正义时就提出了两条原则，其中第二条原则就包含补偿原则。

在学前教育政策中，受到补偿的对象主要包括两个方面：一是对弱势群体的补偿，如 2003 年出台的《关于幼儿教育改革与发展的指导意见》强调，"各地区要采取切实措施确保低收入家庭和流动人口的子女享有接受幼儿教育的机会。"[②] 该政策文件还提出对流浪儿童等群体进行补偿。2010 年出台的《国务院关于当前发展学前教育的若干意见》强调，"建立学前教育资助制度，资助家庭经济困难儿

---

① 蔡迎旗. 幼儿教育财政投入与政策［M］. 北京：教育科学出版社，2007：117.

② 关于幼儿教育改革与发展的指导意见［EB/OL］. 中华人民共和国教育部官网，2003 – 01 – 27.

童、孤儿和残疾儿童接受普惠性学前教育。"① 二是对学前教育发展相对落后的地区进行补偿。由于历史、地理和现实等多方面的原因，我国城乡学前教育发展差异较大，存在不少不均衡的现象，农村及老少边穷地区的学前教育发展相对滞后。为了缩小差异，促进全国学前教育的均衡发展，学前教育政策往往会强调对这些地区的补偿。如《关于幼儿教育改革与发展的指导意见》指出，"积极扶持农村及老少边穷地区的幼儿教育工作，促进幼儿教育事业均衡发展"。《国家中长期教育改革和发展规划纲要（2010—2020 年)》也指出，"支持贫困地区发展学前教育。"② 由此可见，促进学前教育的公平发展已经成为学前教育政策的基本伦理取向，并获得了较大范围的认同。在公平取向的导引下，学前教育正向着基本普及的方向迈进。近年来学前三年毛入园率不断攀升就是很好的体现。并且，基于公平取向，通过政府主导、社会参与和公办民办并举等具体举措，长期处于弱势的农村学前教育也获得快速发展，学前教育中的不公平现象正在逐步减少。

（二）效率取向

基于学前教育资源的有限性和学前教育资源利用的有效性等问题，人们提出效率取向。学前教育政策需要对相关资源进行有效调配，才可能积极治理学前教育实践中的问题，最大限度地增进学前教育领域中的公共利益，促进学前教育事业的发展。效率既是教育

---

① 国务院关于当前发展学前教育的若干意见 ［EB/OL］. 中华人民共和国教育部官网，2010－11－24.

② 国家中长期教育改革和发展规划纲要（2010—2020 年）［EB/OL］. 中华人民共和国教育部官网，2010－07－29.

政策的内在属性之一，又是其价值取向之一，二者共同指向于政策
在资源配置时的有效性诉求。① 就学前教育政策而言，强调效率之
所以重要，在于该领域的公共资源相对有限，需要让有限资源发挥
应有的作用。近年来虽然国家加大了对学前教育的投入，学前教育
领域的资源比以前更加丰富，但依旧难以满足人们对学前教育、特
别是优质学前教育的需求。学前教育政策的效率取向表现在以下几
方面。

其一，合理规划，让有限资源发挥最大价值。要提高学前教育
资源的使用率和有效性，就需要合理规划，将相关资源投放到资源
不足和需求大于供给的地区，防止资源的重复或闲置。《关于幼儿教
育改革与发展的指导意见》就指出，"建设部门要会同教育部门在城
镇规划中合理确定幼儿园的布局和位置"。②该文件还指出，在小区
建设以及城镇改造等方面，也要根据居住人口相应地规划和建设幼
儿园。同时，要保证学前教育资源的使用率和有效性，还需要进行
时间规划。合理的时间规划有助于将长远目标进行分化，从而实现
学前教育事业的有序发展。当前学前教育政策中十分强调时间规划，
从实施学前教育三年行动计划中可见一斑。从 2011 年开始，国家开
始实施第一期学前教育三年行动计划，时间界限为 2011—2013 年。
在第一学前教育三年行动计划结束之后，2014 年 11 月，教育部等三
部门联合下发了《关于实施第二期学前教育三年行动计划的意见》，
决定 2014—2016 年实施第二期学前教育三年行动计划。2017 年 4

---

① 武岭. 公平与效率关系视域下的我国学前教育政策研究 [D]. 重庆：西南大
学，2010.

② 关于幼儿教育改革与发展的指导意见 [EB/OL]. 中华人民共和国教育部官网，
2003 – 01 – 27.

月，教育部等四部门联合下发了《关于实施第三期学前教育行动计划的意见》，决定 2017—2020 年实施第三期学前教育行动计划。连续三期的学前教育行动计划，促进了学前教育事业的发展。

其二，防止资源浪费和改用。防止学前教育资源的浪费和改用是提高效率的基本手段。为此，学前教育政策往往会明确规定，预防学前教育资源的浪费，禁止将学前教育资源改用它途。《关于幼儿教育改革与发展的指导意见》指出："教育部门要加强对小区配套幼儿园的管理，可采取面向社会公开招标的办法举办幼儿园，任何单位和个人不得改变用途。"① 同时，该文件还指出不能够出售或变相出售公立幼儿园，如果有出售或变相出售的情况发生，相关主体必须限期收回。

其三，建立科学的管理机制。建立科学的管理机制是确保政策资源配置有效性的重要举措。在学前教育政策中，建立科学的管理机制往往通过明确学前教育多方共同管理体制、建立学前教育监督机制来实现。当前，我国逐步确立了政府主导、地方负责、分级管理、教育部门主管和各有关部门分工负责的管理体制。1987 年 10月，国务院办公厅转发国家教委等部门《关于明确幼儿教育事业领导管理职责分工请示》的通知，要求"必须在政府统一领导下，除地方政府举办幼儿园外，主要依靠部门、单位和集体、个人等方面力量发展幼儿教育事业，实行'地方负责，分级管理'和有关部门分工负责的原则"。② 该文件对教育部门、计划部门、卫生部门、财

---

① 关于幼儿教育改革与发展的指导意见［EB/OL］. 中华人民共和国教育部官网，2003－01－27.

② 中国学前教育研究会. 中华人民共和国幼儿教育重要文献汇编［M］. 北京：北京师范大学出版社，1999：261.

政部门、劳动人事部门、城乡建设环境保护部门和轻工、纺织、商业部门等进行了职责分工。截至 1991 年年底，全国基本建成"地方负责、分级管理和各有关部门分工负责"的幼儿园管理体制，幼儿教育管理机构得到健全，管理队伍得到充实。政府各职能部门积极强化责任意识和担当精神，教育、财政、人事、卫生、工会、妇联等部门或组织也积极支持学前教育事业发展。此后，国家在《幼儿园管理条例》《全国幼儿教育事业"九五"发展目标实施意见》《关于幼儿教育改革与发展的指导意见》等文件中都要求实行"地方负责、分级管理和各有关部门分工负责"的管理体制，并强调教育部门是幼儿教育的主管部门。2010 年，《国务院关于当前发展学前教育的若干意见》指出，各级政府要加强对学前教育的统筹协调，健全教育部门主管、有关部门分工负责的工作机制，形成推动学前教育发展的合力。

在改革开放后一段时期内，效率取向成为学前教育政策的主导取向，从而对学前教育中的公平问题有所忽略，导致学前教育中不公平的现象逐渐增加，前面提及的公平取向在很大程度上源于对学前教育中不公平现象的应对和治理。近年来，在处理公平与效率的关系时，人们通常以公平为目的，以效率为手段，超越了 20 世纪 90 年代公平与效率究竟孰先孰后或各取一端的争论。近年来，国际范围内处理公平与效率关系时也基本以公平为目的、以效率为手段，世界各国学前教育发展亦是如此。以提高效率的途径实现公平的目标，是世界各国追求幼儿教育公平的普遍做法。① 因此，在近些年来，人们将效率作为学前教育政策的基本取向时，常常将其与公平

---

① 蔡迎旗. 幼儿教育财政投入与政策 [M]. 北京：教育科学出版社，2007：109.

结合起来。由于国家的公共教育资源投入总额会因国家经济发展水平等条件的限制，学前教育领域的公共教育资源在短时期内依然存在供不应求的情况。提高教育资源配置的公平性和教育资源的使用效率，将成为实现教育资源内涵式增长的现实选择。① 因此，公平和效率在未来一段时间内依然是学前教育政策必不可少的伦理诉求。

（三）公益普惠取向

基于对学前教育性质的认识以及学前教育的惠及面尚需进一步扩大等现实问题，人们提出学前教育政策的公益普惠性取向。学前教育事业是社会公共、公益事业。要让学前教育具有公益性特质，学前教育政策就首先必须调整和增进学前教育领域的公共利益。

据笔者目力所及，我国最早提出"公益性"的学前教育政策文件是 1997 年 7 月由原国家教委颁布的《全国幼儿教育事业"九五"发展目标实施意见》。该文件明确指出："幼儿教育既是教育事业，具有福利性和公益性的特点。"② 之所以会在此时提出"公益性"的诉求，与当时学前教育事业发展现状密不可分。在 20 世纪 90 年代中后期，由于经济体制和政治体制改革，教育管理体制也发生了一定变化。就学前教育而言，国有企业、集体企业和事业单位等在经济体制改革过程中剥离教育职能，企业和事业单位所办幼儿园与其母体剥离，致使这些幼儿园断掉主要经费来源，其中不少幼儿园被迫停办。这段时期，全国学前教育事业受到较大影响，入园率、幼

---

① 方钧君. 基于教育券思想的政府投资幼儿教育政策研究 [D]. 上海：华东师范大学，2007.

② 中国学前教育研究会. 中华人民共和国幼儿教育重要文献汇编 [M]. 北京：北京师范大学出版社，1999：470.

儿园数、在园幼儿数、教职工数、专任教师数等反映学前教育发展情况的基本数据均有所下滑。从 1995 年到 1997 年我国在园幼儿数和学前一年入园率中可见一斑（见表 1 - 2）。

表 1 - 2　1995—1997 年我国在园幼儿数及学前一年入园率

年份	在园幼儿数（万）	学前一年入园率（％）
1995	2711	77. 1
1996	2666	76. 0
1997	2519	72. 3

（注：数据来自各年度《中国教育年鉴》）

此后，在《国家中长期教育改革和发展规划纲要（2010—2020年)》以及《国务院关于当前发展学前教育的若干意见》等政策文件中，都提出了教育的公益性或学前教育的公益性诉求。

最早提出"普惠性"的学前教育政策文件是教育部于 2010 年 11月颁发的《国务院关于当前发展学前教育的若干意见》。① 在该文件中共四次提及"普惠性"。此后在《教育部 国家发展改革委 财政部关于实施第二期学前教育三年行动计划的意见》等学前教育政策文件中都强调普惠性。以至有论者在梳理学前教育相关政策文本时指出，就学前教育而言，"普惠性"是 2010 年以后国家在有关政策文本中倡导的新目标。② 其实，公益性意在强调学前教育政策的性质，

---

① 在《国务院关于当前发展学前教育的若干意见》颁布之前，《国家中长期教育改革和发展规划纲要（2010—2020 年)》在其战略目标部分就提出："坚持教育的公益性和普惠性，保障公民依法享有接受良好教育的机会。"这是对各级各类教育共同价值诉求的表达，也是《国务院关于当前发展学前教育的若干意见》制定的政策依据。

② 徐莹莹. 新中国成立以来我国学前教育性质的反思——基于新中国成立以来学前教育相关政策文本的分析［J］. 文教资料，2015（16）：146 - 148.

而普惠性意在突出学前教育政策的价值。

普惠性是公益性得以展现的条件与结果，二者有内在的因果联系。学前教育政策要调整和增进学前教育领域的公共利益，因此提出公益性诉求，这无须赘述，笔者在此主要对普惠性进行梳理。强调普惠性源于对"入园难、入园贵"等学前教育领域内问题的回应与治理，从《国务院关于当前发展学前教育的若干意见》中就可见一斑。"入园难、入园贵"源于两个方面，一是学前教育资源确实偏少，从学前教育的经费占国民生产总值（GDP）的比重长期在0.05%到0.07%之间徘徊就可得知。二是学前教育中的公共教育资源尤其是优质的公共教育资源在分配和享用等方面，存在着偏向性、特权性和不均衡分配与占有，优质的学前教育资源过于向发达地区集中、向城市集中、向市中心集中、向示范园集中。

"普惠性"一词较早见于社会政策领域。美国学者查德·蒂特马斯（Richard Titmuss）在1967年发表的《普惠性社会服务与选择性社会服务》一文中区分了社会福利中的普惠性服务与选择性服务两种类型，提出普惠性与选择性社会服务选择上的两难，并探讨普惠性服务需要的特定社会基础结构，以便纳入选择性服务之中。[①] 普惠性的内涵可以包括两个方面。

其一，普遍性。普遍性具体体现在区域的普遍性和享有者的普遍性上。就区域的普遍性而言，强调学前教育公共服务体系必须覆盖城市和乡村，且布局合理，不能因地区差异等因素而仅顾一端。就享有者的普遍性而言，突出强调政策影响之主体都应该成为政策

---

① R. M. 蒂特马斯. 普惠性社会服务与选择性社会服务 [J]. 刘继同，译. 社会福利（理论版），2012（4）：2-7.

创造的公共利益的享有者。由此，普惠性是"惠及人人"与"惠及各地"的有效结合。

其二，实惠性。实惠性强调享有者得到真正的好处，防止出现"看得到、得不到"的情况发生。以学前儿童为例，他们得到的真正好处至少要体现在以下两个方面：一是学前儿童受教育权的实现，这是幼儿应得的基本实惠。因此，通过学前教育公共服务体系的建构，可从根本上改变以前入园难或无幼儿园可上的情况，学前儿童的受教育权也就能得到保障和实现。二是得到了真正的发展。在实践中，学前儿童因接受适当的学前教育而获得适宜发展。这是一种发展的实惠，对学前儿童而言也是最重要、最有价值的实惠。因此，普惠性就是一种普遍的社会福利，惠及人人，人人得实惠。这种惠及人人、人人得实惠的特点与公平的诉求具有一致性。当然，要实现普惠性，需要完成对公共教育资源有效配置、使用的最大化，防止出现公共资源闲置、浪费或被侵占的情况，以便实现资源的有效利用，最终人人得实惠。"普惠性社会福利不简单等同于公平和正义，它还关涉着社会整体利益和公共资源使用效益最大化。"[①] 因此，普惠性可以被视为公平与效率有效结合后的具体体现。

近年来，国家落实普惠性价值的基本举措是着眼于普惠性学前教育资源建设。普惠性学前教育资源主要表现在资金、园所和师资三方面。其一，增加普惠资金投入是普惠性学前教育资源建设和促进学前教育发展的基本举措。普惠性学前教育资源建设的其他举措往往以该举措为基础。普惠资金由国家财政性教育经费、事业收入

---

① 王东．普惠性学前教育：内涵与政策意蕴［J］．教育科学，2014（2）：26 - 31.

和捐赠收入等构成。其中，国家财政性教育经费是普惠资金的主要来源，这就需要国家加大教育投入，同时在对国家财政性教育经费进行分配时提升学前教育国家财政性教育经费所占比重。近年来，财政性学前教育经费投入不断提升。并且，在第三期学前教育行动计划中，从全国到各级地方政府，都强调增加财政性学前教育经费的投入。其二，普惠园所是普惠性学前教育资源的基本载体。当人们谈及普惠性学前教育资源时，常常将其与普惠园所联系起来。普惠园所主要由公办幼儿园和普惠性民办幼儿园构成。在公办幼儿园就读的幼儿通常只需每月缴纳数量较低的生活费和保教费，而普惠性民办幼儿园除了缴纳数量较低的生活费和保教费，还会每年缴纳数量不高的建园费。总之，普惠园所是低收费有质量的幼教机构，普惠园所建设是学前教育脱贫攻坚的最直接最有成效的举措。普惠园所不足直接导致"入园难"、"入园贵"等现象的发生，致使适龄儿童无园可上，抑或不得不向私立园缴纳高额的入园费用方能就读。可喜的是，国家在当前学前教育发展规划中十分重视普惠园所的建设，在第三期学前教育行动计划中明确提出 2020 年普惠园所的覆盖率达到 80% 左右，全国部分省（区、市）也提出了各自的普惠园所覆盖率目标（见图 1-1）。

其三，普惠师资是普惠性学前教育资源中的人力资源。普惠师资建设就是要从整体上造就一只数量足、素质高、惠及幼儿的教师队伍。幼儿教师是幼儿生命成长和生活质量的重要他人，是幼儿园课程建设与实施的重要主体。在学前教育发展过程中，国家一方面正按照相关政策规定配齐配足幼儿教师队伍。近年来，全国幼儿园专任教师、保育员、卫生保健人员、行政人员、教辅人员、工勤人员等教职工数量不断增加，全国幼儿园教职工与在园幼儿的比值也

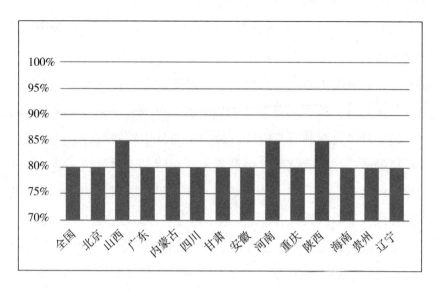

图 1 - 1 全国及部分省（区、市）2020 年普惠性幼儿园覆盖率

（注：数据来源于全国及各省（市、区）公布的第三期学前教育行动计划）

不断增大，从 2010 年的 1/16.1 增加到 2016 年的 1/11.6（见表 1 -
3），另一方面，国家要着眼于幼儿教师在专业理念与师德、专业知
识和专业能力等方面的素养，全面提升幼儿教师队伍素质。

表 1 - 3 2010—2016 年全国幼儿园教职工与在园幼儿比

年份	2010	2011	2012	2013	2014	2015	2016
比值	1/16.1	1/15.5	1/14.8	1/13.8	1/12.9	1/12.2	1/11.6

（注：数据来自各年度《中国教育年鉴》）

（四）健康快乐取向

如果说前面三种取向是从社会角度应对学前教育政策的伦理正
当性危机，那么健康快乐取向则是从个人角度应对学前教育政策的
伦理正当性危机。健康是人发展的基本诉求。健康的含义通常为

"（人体）发育良好，机理正常，有健全的心理和社会适应能力"。①
其实，健康最初指向人的身体，即发育良好、没有疾病、生理机能
正常等；后来因对心理状态的关注，强调健康的心理维度，突出有
良好的社会适应能力。就幼儿而言，健康更多指向身体，一方面，
幼儿期是身体发育的重要阶段，为一生的身体发展奠基，以至于不
少重要的学前教育政策文件中都提出"促进幼儿体、智、德、美各
方面"的协调发展，把"体"放在首位。另一方面，学前阶段的幼
儿需要成人细心照顾与引导，一般不具备良好的社会适应能力。

学前教育政策通常十分强调促进幼儿健康发展。在 1989 年出台
的《幼儿园管理条例》中，"健康"一词共提及 8 次，并明确指出
"幼儿园应当保障幼儿的身体健康，培养幼儿的良好生活、卫生习
惯"。② 1996 年出台的《幼儿园工作规程》在行文中多次提到要保障
幼儿健康，其中"健康"一词也提及 8 次，并在其总则部分指出
"严禁虐待、歧视、体罚和变相体罚、侮辱幼儿人格等损害幼儿身心
健康的行为"。③ 在 2001 年出台的《幼儿园教育指导纲要（试行）》
中，"健康"一词共提及 12 次，并指出"幼儿园的教育是为所有在
园幼儿的健康成长服务的"。④ 在 2003 年出台的《关于幼儿教育改
革与发展的指导意见》中，"健康"一词共提及 7 次，并明确指出

---

① 中国社会科学院语言研究所词典编辑室. 现代汉语词典 [M]. 5 版. 北京：商
务印书馆，2005：672.
② 中国学前教育研究会. 中华人民共和国幼儿教育重要文献汇编 [M]. 北京：北
京师范大学出版社，1999：301.
③ 中国学前教育研究会. 中华人民共和国幼儿教育重要文献汇编 [M]. 北京：北
京师范大学出版社，1999：421.
④ 幼儿园教育指导纲要（试行）[EB/OL]. 中华人民共和国教育部官网，2001 -
07 - 02.

"关注个体差异，使儿童身心健康成长"。在《3—6岁儿童学习与发展指南》中，"健康"一词共提及12次；在《国务院关于当前发展学前教育的若干意见》中，"健康"一词共提及6次，并明确指出"办好学前教育，关系亿万儿童的健康成长"。可见，由于健康是学前儿童生命成长与发展的基本前提，为学前儿童的一生奠定基础，学前教育政策历来重视。

快乐指感到高兴或满意，更多地指向人的内心状态。在健康的基础上，学前教育政策还强调快乐，注重让幼儿度过快乐的童年。《幼儿园教育指导纲要（试行）》指出，幼儿园要通过为幼儿提供适宜的环境和满足幼儿的发展需求，"使他们在快乐的童年生活中获得有益于身心发展的经验"。① 《幼儿园教育指导纲要（试行）》还在"艺术"领域数次提及让幼儿体验"创造的快乐"。《国家中长期教育改革和发展规划纲要（2010—2020年）》强调，"坚持科学保教方法，保障幼儿快乐健康成长"。② 《国务院关于当前发展学前教育的若干意见》指出："必须坚持科学育儿，遵循幼儿身心发展规律，促进幼儿健康快乐成长。"③ 《3—6岁儿童学习与发展指南》在"说明"部分就指出，"建立对幼儿发展的合理期望，实施科学的保育和教育，让幼儿度过快乐而有意义的童年"。④ 在随后的五大领域中，

---

① 幼儿园教育指导纲要（试行）［EB/OL］．中华人民共和国教育部官网，2001 - 07 - 02.
② 国家中长期教育改革和发展规划纲要（2010—2020年）［EB/OL］．中华人民共和国教育部官网，2010 - 07 - 29.
③ 国务院关于当前发展学前教育的若干意见［EB/OL］．中国政府网，2010 - 11 - 24.
④ 3—6岁儿童学习与发展指南［EB/OL］．中华人民共和国教育部官网，2012 - 10 - 15.

也数次提及快乐。如在"健康"领域中强调"愿意把自己的情绪告诉亲近的人，一起分享快乐或求得安慰"；在"社会"领域中强调"让幼儿感受到与成人交往的快乐""感受有朋友一起玩的快乐""在群体活动中健康、快乐"等。

健康和快乐在近年的学前教育政策中常常一起出现，以前者为基础，后者为目的，体现了政策对幼儿应有生活状态的描述和学前教育质量伦理内涵的关注。其实，早在 1928 年，由陈鹤琴、郑宗海、张宗麟、葛鲤庭、杨保康等人起草，并于 1929 年在全国试行的《幼稚园课程暂行标准》在其幼稚教育的总目标中就提出要"增进幼稚儿童应有的快乐"。[①] 随后，1932 年公布的《幼稚园课程标准》指出："力谋幼稚儿童应有的快乐和幸福。"[②] 并且，1939 年教育部公布的《幼稚园规程》也指出"力谋幼稚儿童应有之快乐与幸福。"[③] 可见，快乐是学前教育政策一个十分重要的伦理诉求。

四、已有解答的反思

已有解答从不同角度、不同方面应对学前教育政策伦理正当性危机，并不同程度地缓解了学前教育政策的伦理正当性危机。然而，因已有解答自身的不足，其没能使既有的正当性危机得到全面化解。如此一来，学前教育政策的正当性危机依然存在。或许，我们需要

---

① 陈秀云，陈一飞. 陈鹤琴文集［M］. 南京：江苏教育出版社，2007：181.

② 中国学前教育史编写组. 中国学前教育史资料选［M］. 北京：人民教育出版社，1989：230.

③ 中国学前教育史编写组. 中国学前教育史资料选［M］. 北京：人民教育出版社，1989：226.

反思已有解答的思维模式和研究范式，重新建立应对学前教育政策伦理正当性危机的策略与路径。

（一）已有解答的评述

已有四种解答从不同角度应对学前教育政策的伦理正当性危机。其中，公平取向、效率取向和公益普惠取向从社会角度提出了应对之策。

公平取向是当前学前教育政策中占主导地位的政策伦理。在公平取向的导引下，学前教育政策强调增加入园学位与机会，普及学前教育，确保学前儿童受教育权的实现；重视学前教育资源的均衡配置，促进学前教育均衡发展，关注与补偿弱势群体和落后地区，促进学前教育事业的公平发展。近年来，学前教育事业的公平性得到了有效提升，学前教育中的"入园难"问题得到有效缓解，区域差异、地区差异、城乡差异和园际差异等问题得到了一定程度的改善。2014 年，我国学前三年毛入园率为 70.5%，比 2009 年增加了 19.6%；全国在园幼儿达到 4050.71 万人，比 2009 年增加 52.41%。① 随着这一取向的持续推进，学前教育事业的公平性还将不断提升。

效率取向是源于学前教育资源的有限性和资源使用的有效性提出的。虽然我国近些年经济快速发展，但我国现阶段依然是发展中国家，对学前教育的投入依旧有限，因此必须让有限资源发挥最大价值，防止学前教育资源的浪费、闲置或低效使用。公益普惠诉求

---

① 《国家中长期教育改革和发展规划纲要》中期评估：学前教育专题评估报告 ［EB/OL］．中华人民共和国教育部官网，2015 - 11 - 24

的提出既源于学前教育事业的性质，又源于学前教育实践中的"入园难""入园贵"等现实问题。由于国家重要的教育政策如《国家中长期教育改革和发展规划纲要（2010—2020）》以及《国务院关于当前发展学前教育的若干意见》等都指出在促进学前教育发展的过程中需要遵循公益性与普惠性的诉求，有论者认为，这将有助于改变我国幼儿教育事业发展水平的整体落后状况，更进一步体现教育的公平性和公益性。① 如前所述，公益通常指向社会公众的福祉和利益，普惠则是对社会大众的普遍惠顾，从而让大众都获得实惠。

公益普惠是公平与效率的具体体现，成为近几年来国家和社会都十分强调的伦理诉求，对当前的学前教育改革有较好的引领价值，在一定程度上促进了学前教育事业的发展。健康快乐取向则是从个人角度丰富了学前教育政策的伦理诉求，在一定程度上是对学前教育政策伦理诉求的补充，让人们意识到学前教育政策不仅要着眼于社会的发展，还要着眼于个体的成长，这对确保学前教育实践有效促进学前儿童的适宜性发展有积极意义。

完备的学前教育政策伦理诉求是一个系统化的价值体系，该价值体系由不同层次、不同维度的伦理诉求组成。这些伦理诉求既有根本诉求，又有一般诉求。前者具有终极性，是后者实现的依据；后者具有阶段性，是前者实现的条件。已有学前教育政策的伦理诉求通常从社会和个人两个角度表现出来。就社会角度看，通常强调公平、效率、公益、普惠等诉求。从个体的角度看，通常强调健康快乐等诉求。虽然已有的学前教育政策伦理诉求具有明确性，但却

① 秦旭芳，王默. 学前教育普惠政策的价值分析 [J]. 教育研究，2011（12）：28－31.

缺乏系统性。

首先，已有的学前教育政策伦理诉求似乎只是一般伦理诉求，而不能成为根本伦理诉求。从社会维度看，虽然公平、效率、公益普惠等都很重要，但其通常指向学前教育资源分配和学前领域公共利益调整，不是学前教育政策的最终目的，不应成为政策的根本伦理诉求。可以设想，在公平等诉求实现之后，幼儿应该如何度过学前生活依然是一个问题。可见，公平仅仅是幼儿生活得好的条件。由于学前教育政策必然要在学前教育领域导向一种理想的生活，在此意义上，公平、效率等就只是实现这一生活的手段。以手段为目的，是一种工具主义的体现，无疑是本末倒置。在公共政策中，"公平和效率都只是人们实现幸福的手段或方式，都不是人们所追求的最终价值目标"。① 因此，虽然公平、效率、公益普惠等仍是学前教育重要的伦理诉求，但我们需要超越公平、效率、公益普惠等诉求，从理论上找到比二者更为根本的取向，并在学前教育政策中确立下来。美国学者拉斯韦尔就指出，随着政策科学面向未来，就需要"建立一种以解决社会中人生的更大问题为方向的科学"。② 只有对学前教育政策的根本伦理诉求有了明确的认识和充分的描述，才能为学前教育政策实践和学前教育实践提供行动指向，进而有效化解学前教育政策的伦理正当性危机。基于此，我们需要对学前教育政策本身进行伦理反思与追问，对学前教育政策伦理诉求进行完善，并探求学前教育政策的根本伦理诉求。

---

① 苗振国.幸福学视角下的公共政策价值重塑［J］.燕山大学学报（哲学社会科学版），2007（3）：45－48.

② Harold D. Lasswell. The Future of Political Science［M］. New York：Atherton Press，1963：39

其次，从个人角度看，"健康快乐"取向具有一定的正当性，因为让学前儿童度过一个健康快乐的童年通常是儿童一生发展的基础和条件。但"健康"和"快乐"似乎还不是理想生活的内核，我们需要进一步反思"健康"和"快乐"的内涵和根基。一方面，"健康"通常只是人们的基本需要，而在此基础上，人们通常还有更高更好的追求；另一方面，快乐可能与生命的完善没有直接联系，因为快乐对学前儿童生命的发展而言并非都是有益的，快乐本身并不具备区分善与恶的能力，在伦理意义上具有含混性。"愉快不一定都是幸福，不当的物欲，无理要求的满足，对他人侵犯的快感，这一切均与幸福无关。"① 在实际的生活中，当幼儿无理或过度的愿望得到满足时，他们也表现得很快乐。而当他们这些愿望没有得到满足时，他们可能会不快乐，甚至大哭大闹，表现得非常痛苦。如果此时满足他们的这些愿望，他们会很快破涕为笑，再次快乐起来。因此，某些时候孩子虽然快乐，但这样的快乐对幼儿的发展可能产生负面影响。这就意味着我们需要对快乐的情况加以区分。"人必须言说益处，因为快乐可能是有害的。"② 或许正是鉴于"快乐"一词在伦理意义上不具备区分善与恶的特质，2012 年教育部公布的《3—6岁儿童学习与发展指南》在快乐的基础上加上了"有意义"这一维度，指出"让幼儿度过快乐而有意义的童年"。③ 加上这一维度在一定程度上恰恰说明"快乐"取向在伦理意义上的含混性，需要加以

---

① 虞永平. 学前课程价值论［M］. 南京：江苏教育出版社，2002：57.
② 刘小枫. 城邦与自然——亚里士多德与现代性［M］. 北京：华夏出版社，2010：137.
③ 3—6 岁儿童学习与发展指南［EB/OL］. 中华人民共和国教育部官网，2012 – 10 – 15.

限定。然而，"有意义"这一维度的内涵依然需要明确或澄清。因为在现实中，人们对"有意义"的理解有不小差异。如有人认为让学前儿童多识字、多学些算术知识是有意义的；有人认为让学前儿童自由、无拘无束地玩耍就是有意义的；而有人认为促进学前儿童在学前阶段适宜的个性化发展才是有意义的。这就促使我们反思学前教育政策中的"快乐"取向，找到比"快乐"更为根本的伦理追求。并且，学前教育政策中社会维度的伦理诉求与个人维度的伦理诉求之间的关系需要进一步明晰，是社会维度的伦理诉求高于个人维度的伦理诉求，还是个人维度的伦理诉求高于社会维度的伦理诉求，抑或是二者是平等的关系，这些问题首先需要从理论上进行反思与澄清。

再次，已有的四种取向无法应对人们对学前教育政策民主性等问题的质疑，无法化解学前教育政策主体作为不积极、不担当等问题。学前教育政策民主性问题是过程伦理问题，学前教育政策主体作为不积极、不担当是主体伦理问题。随着社会的发展，人们越来越关注政策过程和政策主体的伦理正当性。政策过程的利益相关者知晓度与参与度、政策程序设计的公正性与合理性、政策手段选择的适宜性与正当性、政策主体的积极作为与担当等成为政策伦理正当性的重要支撑。因此，当政策过程缺乏公众的民主参与、程序设计不具公正性、手段选择不具正当性，以及政策主体庸政、懒政、腐政等，政策本身就会受到质疑，并出现正当性危机。面对学前教育政策中的过程伦理和主体伦理等问题，已有解答着眼于政策文本内容，没有给出应对之策。由此可见，已有解答虽有一定的积极价值，但不能深度化解学前教育政策的伦理正当性危机。

（二）反思已有解答的分析框架

明确已有解答的分析框架不仅可以知晓已有解答"是什么"，还能明了已有解答"为什么"，如此，能够防止在重建学前教育伦理正当性的过程中依然"走老路"的情况发生。

已有解答虽然从不同角度应对学前教育政策的伦理危机，但似乎都体现出一种"静态—单维"的分析框架，即从静态的角度理解学前教育政策，将学前教育政策视为承载行动目标、计划和准则文本，并从文本的角度丰富或修定学前教育政策的伦理诉求，将学前教育政策的伦理诉求限定在政策内容这一维度加以考量。承载政策目标与规则等内容的通常是政策文本，政策的目标与规则等内容所体现的伦理诉求通常被视为政策的内容伦理。"教育政策主体往往把教育政策所表达的实质性内容隐含在不同格式的合法化的文本之中"。① 这些文本通常是统一性的强制规范，要求政策相关主体必须遵循与执行。学前教育政策的内容伦理因而会在政策文本中明确体现，以便通过人们对政策文本的理解、遵守与维持，实现预期目的。

已有应对学前教育政策伦理正当性危机的基本指向就是通过对学前教育政策内容的调整，从而调整、修改或丰富学前教育政策的伦理诉求，以应对学前教育政策的伦理正当性危机。之所以已有应对之策会将目光投向政策的实质性内容，与人们对政策的静态解读关系甚密。现在的英语词汇中，"政策"（policy）与"政治"（politic）非常相近，关系也非常密切。然而，在古代英语中并没有"policy"一词，而只有"politic"一词。"politic"来源于古希腊语

---

① 刘复兴. 教育政策的价值分析 ［M］. 北京：教育科学出版社，2003：36－37.

"politekê"（πολίτεκη），该词的基本含义是有关城邦的学问。自近代以来，西方政党开始出现并积极参与国家的政治活动，在这些政党走上政治舞台的过程，往往会提出自己明确的行动原则和策略。源于对这些原则和策略等进行概括和指称的需要，开始出现"policy"一词。随着近代西方政党政治的发展，"政治"（politic）一词逐渐演化出"政策"（policy）一词，并以"政策"（policy）一词表达政府或政党等组织为了某种或某些目的而采取的行动策略。作为政策科学的奠基人，美国学者亚伯拉罕卡普兰（A. Kplan）和拉斯韦尔对政策的解读在政策学界影响较大，他们将政策视为"一种含有目标、价值和策略等的大型计划"。① 这是一种典型的静态解读。

我国古代并没有"政策"一词，"政""策"二字的连用出现在近代，由日本传入我国。日本在明治维新后全面向西方学习，在很大程度上受西方文化、制度等的影响。日本学者在翻译"policy"一词时，将"政""策"二字连用，译为"政策"。② 在《辞海》中，政策被看作是"国家、政党为实现一定历史时期的路线和任务而规定的行动准则"。③《现代汉语词典》对政策的解释为"国家或政党为实现一定历史时期的路线而制定的行动准则"。④《简明政治学辞典》认为政策是"国家、政党在一定历史时期为实现一定任务而规定的行动依据和准则"。⑤ 综上，已有界定通常将政策看作是国家或

---

① H. D. Lasswell, A. Kaplan. Power and Society ［M］. New Haven：Yale University Press，1970：71
② 雷颐. 黄金十年 ［J］. 读书，1997（9）：97－102.
③ 辞海编辑委员会. 辞海 ［M］. 6. 上海：上海辞书出版社，2009：2926.
④ 中国社会科学院语言研究所词典编辑室. 现代汉语词典 ［M］.5 版. 北京：商务印书馆，2007：1741.
⑤ 皮纯协，徐理明. 简明政治学词典 ［M］. 郑州：河南人民出版社，1986：458.

政府等权威主体在某一特定时期为达成特定目的而规定的具有强制性的行动准则。

　　由于政策是教育政策的上位概念，人们在界定教育政策时，往往受到其他人对政策的认识的影响。如成有信将教育政策视为"负有教育的法律或行政职责的组织及团体为了实现一定时期的教育目标和任务而规定的行动准则"。① 袁振国认为教育政策是"一个政党或国家为实现一定时期的教育任务而制定的行为准则"。② 徐赟认为教育政策"总是首先表现为有关教育事业发展的一系列行动准则、计划、法规、方案或政治措施——静态的'文本'。"③ 面对这些"教育政策"的界定，我们稍做深究就可发现，其内涵具有较大的相似性，强调教育政策是一种实现教育目标与认为的行为准则；同时这些对"教育政策"的解读与对"政策"的静态解读具有明显的演绎性与传承性。以至有研究在梳理教育政策的相关界定时指出，"人们对教育政策的理解虽有差异，但国内有关教育政策的概念界定大都是从《辞海》的'政策'演绎而来，认同教育政策是指导、规范教育实践活动的行动纲领和准则"。④ 由于学前教育政策是教育政策的下位概念，人们在界定学前教育政策时依然采取演绎的方法，将其视为国家促进学前教育事业发展的行动准则。如有论者认为学前教育政策"是政府为发展学前教育事业而制定的行动准则"⑤，并认

---

① 成有信．教育政治学［M］．南京：江苏教育出版社，1993：201.
② 袁振国．教育政策学［M］．南京：江苏教育出版社，1996：115.
③ 徐赟．我国教育政策实践范式的历史变迁［J］．现代教育管理，2014（5）：46－50.
④ 范国睿．教育政策的理论与实践［M］．上海：上海教育出版社，2011：4.
⑤ 王海英．中国学前教育政策的转型及未来走向［J］．幼儿教育，2015（18）：3－11.

为其包括法规、通知、规定和条例等多种文件形式。有论者在研究幼儿教育政策时将其视为党和政府等为了促进幼儿教育事业的发展而制定的行动准则。① 有论者将学前教育政策界定为"为了发展，调整学前教育的一系列法律，规定等文件的总称"。② 可见，此类认识往往在静态层面上理解学前教育政策。

虽然文本是政策基本的外在形态和表现形式，同时将学前教育政策看作学前教育事业发展的行动准则也有利于突出政策的统一性与强制性，但如此解读却窄化了学前教育政策的意蕴。因为政策文本产生之前和之后依然有持续的政策行为。在政策文本产生之前，就需要对现实教育问题进行选择。可以说，教育政策问题的选择与确认是政策的第一个环节。在教育领域，教育问题会较广泛地存在。然而，并非所有的教育问题都能成为教育政策问题，并通过政策加以引导与解答。只有那些具有普遍性、重要性的问题，才能被选择与确认，最终成为政策问题。因此，没有对教育政策问题的选择与确认，教育政策的后续行动可能是无的放矢的。"教育政策以关注和解决教育问题为根本取向，哪些教育问题会被纳入教育政策范畴，成为教育政策制定的逻辑起点。"③ 完成教育政策问题的选择与确认之后，将进入政策制定环节。在该环节，将经历政策调研、政策文本起草与修定等工作。在该环节结束时，将形成最终的政策文本。依据业已制定的政策文本，开始进入到政策执行环节。在政策执行的过程中，还通常伴随政策调整和监控。此后，还有政策评估和政

① 周小虎. 幼儿教育政策法规［M］. 上海：华东师范大学出版社，2014：2.
② 武岭. 公平与效率关系视域下的我国学前教育政策研究［D］. 重庆：西南大学，2010.
③ 范国睿. 教育政策的理论与实践［M］. 上海：上海教育出版社，2011：86.

策终结等环节。由此可见，只重视政策文本而忽视政策过程将会造成无视很多重要的政策行动，导致研究视野的狭隘。

政策过程能动态反应政策主体在问题确认、目标选择、利益调整等方面的取舍，对整个政策目标能否实现至关重要。从利益相关者的角度看，政策的全程都会涉及相关者的利益，是对利益进行调整、创造与分享。要使利益的调整、创造与享用过程符合政策相关者的诉求，就要就政策主体公正负责，需要政策过程公开透明，于是对整个政策过程和政策主体也要有相应的伦理要求。教育政策主体和教育政策过程都充斥着伦理问题。① 由此可见，虽然内容伦理是学前教育政策伦理诉求不可或缺的基本组成部分，却不是学前教育政策伦理诉求的唯一或全部，因而不能替代学前教育政策应有的其他伦理诉求。

已有解答存在以内容伦理这一个维度代替学前教育政策全部伦理诉求的倾向，无法回应人们对学前教育政策过程公正性与民主性的质疑，无法化解学前教育政策主体作为不积极、不担当等问题。因此，要全面应对学前教育政策的伦理正当性危机，首先需要从理论上寻求新的研究视角和分析框架。

---

① David Halpin, Barry Troyna. Researching Education Policy: Ethical and Methodological Issues [M]. Washington, DC: The Falmer Press, 1994: 75–94

第二章 学前教育政策伦理正当性的重建理路

在具有正当性的国家中，政策伦理正当性重建的基本方式通常是调整政策已有的伦理诉求。如前所述，面对学前教育政策的伦理正当性危机，已有解答虽对伦理诉求做出相应调整，并在一定程度上缓解了学前教育政策的伦理正当性危机。但由于已有解答本身的不足，因而不能全面化解这种危机。为此，学前教育政策的伦理正当性尚需重建。而在重建之初，我们自然需要明确新的重建理路，以避免已有分析框架的偏颇和已有解答自身的不足。

一、"动态—系统"框架的提出

分析框架是研究者面对研究问题时的基本理论构想与思维路向。不同的分析框架往往决定了在研究过程中什么被凸显、什么被弱化、什么被强调、什么被忽视。分析框架是研究者的认识论与方法论的具体体现。因此，在面对相同的问题时，不同的分析框架会导致对该问题的解释和解答各不相同。针对已有分析框架的不足，要重建学前教育政策的伦理正当性，需要将对学前教育政策的静态解读转变为动态解读，将学前教育政策的单维伦理诉求转变为多维的伦理诉求，构建"动态—系统"的分析框架。

（一）学前教育政策的动态解读

对概念的解读反映出主体的思维形态和分析视角。人们因认识角度、历史条件和文化差异等原因会对某一概念的界定存在差异。要限定研究范围、明确研究对象、确立研究框架、减少误解，就需要对研究的关键概念进行界定。德国哲学家海德格尔（Martin Heidegger）指出："真正的科学'运动'是通过修正基本概念的方式发生的。"① 概念的改变意味着人们认识的转变。要跳出原有的认识范畴，需要修正基本概念。

就政策分析与研究而言，对政策的界定直接影响政策的分析模式与研究视角，从而影响政策理论的生长与可能的创新。美国教育政策学专家弗朗西斯·福勒（Francis C. Fowler）指出，"当人们开始探索一个新的领域时，掌握一些基本的定义，将会有所帮助。"② 由此可见，在研究之初，重新界定"政策"这一概念在政策研究中既具重要性，又有必要性。美国学者伊根·古巴（Egon G. Guba）曾就政策定义对政策分析的影响进行了系统研究，认为政策分析者依据的何种政策定义会直接影响政策分析的结果，不同的政策定义通常会导致不同的政策分析结果，政策定义因此会在一定程度上影响政

① 〔德〕马丁·海德格尔. 存在与时间［M］. 陈嘉映，译. 北京：生活·读书·新知三联书店，2012：11.
② 〔美〕弗朗西斯·C. 福勒. 教育政策学导论［M］. 2 版. 许庆豫，译. 南京：江苏教育出版社，2007：7.

策分析的性质。① 在我国也有学者指出，对政策本质的不同解读与看法往往会对政策分析框架与模式有着决定性影响。② 如前所述，已有解答之所以无法深度化解学前教育政策的伦理正当性危机，与人们从静态的角度解读学前教育政策有着密切的联系。由此可见，若要对学前教育政策的伦理正当性进行重建，首先得跳出对学前教育政策静态解读的限定，对学前教育政策进行重新界定。

鉴于对政策静态解读的不足，人们开始从动态的角度理解政策。有论者指出，政策所有的内涵远非政策文本能够涵盖，政策本身既包括先于政策文本产生的政策过程，又包括政策文本出台之后的政策过程，同时还包括对政策文本的调整和实施的行动过程。③ 这一解读将政策视为由许多活动构成的连续过程。就政策而言，并非仅仅将文本或行动准则告知社会大众，就能够实现对社会问题的有效治理和公共利益的有效调整。在实践中，政策目标能否达成、政策效果是否显著主要取决于一系列政策行为：首先是政策问题的确认，需要通过调查、研究等行动对各种问题进行分析、筛选和甄别；然后确定需要通过国家或政府行为加以治理的问题；随后依据确认的政策问题，通过各种调研、追求意见和反复修改等环节，才最终完成政策制定，政策制定的结果通常是政策文本。可见，政策文本是整个政策过程的一个产品。并且，政策文本出台后，政策过程并没有终结。接下来，进入到依据政策文本开展问题治理的政策实施阶

---

① 伊根·古巴. 政策的定义对政策分析的性质和结果的影响 [J]. 教育领导，1984 (10)：47.

② 张顺. 多重视角中的公共政策与公共政策分析 [J]. 理论探讨，2004 (3)：84－88.

③ Taylor. S, Rizvi. F, Lingard. B, et al. Education policy and the politics of change [M]. London and New York：Routledge，1997：28

段。该阶段也是政策过程十分重要的阶段，既定目标能否有效实现、现实问题能否积极化解、政策效益能否充分体现都主要取决于该阶段的系列行动。在政策实施过程中，还通常伴随着政策的调整和政策的监测与评估。当政策目标获得实现，或政策问题已经得到有效治理，或已出现了与现有政策不相符的情境等情况时，现有政策需要终结。政策终结之后，还有政策评估，总结既有政策得失，为以后政策行动提供参考借鉴。到此时，一个政策的整个过程才完全结束，并随之进入到另一个政策过程之中。

对教育政策而言，要有效调整和增进教育领域的公共利益，协调学校、教师、家长、学生和教育相关部门等的利益诉求，真正促进人的发展，就必须重视教育政策的每个环节和每个环节包含的系列行动。教育政策是一个由制定、执行、评价、调整等活动组成的多层次的顺序相连直至终结，并且在此基础之上导向新政策活动的连续过程。[1] 动态理解教育政策有助于促进人们对教育政策文本的深入认识，因为教育政策文本在教育政策过程中产生，在教育政策过程中得以实施，并在这一持续的过程中适时调整、完善和终结。教育政策过程是认识教育政策本质不可或缺的重要维度。[2] 突出教育政策过程其实就是基于对教育政策的动态认识与解读。可见，对教育政策的动态解读所具有的意义与意蕴超出了对其进行静态解读所具有的。在研究中，对教育政策的动态解读也影响到了人们对学前教育政策的界定。在学前教育领域就有论者指出，学前教育政策

---

① 范国睿. 教育政策的理论与实践 ［M］. 上海：上海教育出版社，2011：7.
② 刘复兴. 教育政策的价值分析 ［M］. 北京：教育科学出版社，2003：40.

"是实施学前教育行动的出发点以及行动的过程和归宿"。① 因此可以说，学前教育政策是一个由政策问题选择、政策文本制定、政策执行实施、政策结果评估等系列行动组成的连续活动过程与行动系列。对学前教育政策的动态解读将凸显学前教育政策的以下特点。

1. 突出政策主体的能动作用

对学前教育政策的动态解读突出政策主体的能动作用。学前教育政策过程要有序推进，就需要政策主体的主动作为。因此从动态的角度看，学前教育政策是政策主体做什么、不做什么以及如何做的过程与行动系列。并且，这一行动系列蕴含着为什么做、怎么做会收获更好的价值追求与反思。从哲学意义上，公共政策是一个主体与客体相互影响、相互适应和相互作用的过程。② 没有政策主体，就没有政策过程，也不可能有政策文本。

政策问题的治理情况、政策目标的实现程度、政策效益的高低水平等都直接受到政策主体素质的影响。可以说，政策主体的素质决定着政策过程的水平与质量。无论是政策问题确认、政策信息筛选、政策文本出台，还是政策的执行与调整、政策的监控与评估，所有的政策环节都是基于政策主体的行动才能实现。整个政策过程实际上就是政策主体不断的主动选择活动。③ 由此可见，政策主体是政策过程必不可少的组成部分。而在静态的解读中，政策主体的重要性并没有体现，政策主体的伦理规范或许也就相应地被忽略。

---

① 朱家雄，王峥. 从教育人类学视角看学前教育的政策走向和政策制定［J］. 幼儿教育（教育科学版），2006（1）：9－11.
② 张国庆. 现代公共政策导论［M］. 北京：北京大学出版社，1997：6.
③ 刘复兴. 教育政策的价值分析［M］. 北京：教育科学出版社，2003：41－42.

2. 凸显政策行动的过程设计

对学前教育政策的动态解读突出政策行动的过程设计。过程设计突出政策的秩序设计和手段选择等内容。政策过程要有序有效推进，必须遵循一定的程序设计。在规定的程序下，政策过程中的行动才能一个接一个地展开，政策过程中的环节才能一环扣一环地推进。"教育政策的制定与实施总是按照一定的顺序、步骤，并遵照相应规则进行的。"① 学前教育政策就是这样一个包括若干步骤和环节的过程。一方面，学前教育政策过程包含若干政策环节，包括学前教育政策制定、实施和评估等大环节，而这些大环节又包括若干小环节，所有环节前后相随，体现出一种顺序性。如果这些环节脱节或缺失，就会有损政策过程的连续性和完整性。另一方面，学前教育政策过程由一系列的政策行动体现出来，这些行动需张弛有度，符合特定的要求，体现出一种规范性。

可见，在静态的解读中，政策过程的重要性并没有得到充分体现，政策过程的伦理规范或许也就相应地被忽略与弱化。

3. 强调政策文本的纽带作用

对学前教育政策的动态解读强调政策文本的纽带作用。政策文本是政策规则的载体。政策规则是政策的实质性内容，通常包含政策目标、技术、方法、途径等，这些内容都呈现在国家或政府出台的文本之中。政策文本具有权威性、确定性和强制性，既能为政策所涉及的群体带来利益，又要求政策所涉及的主体必须遵守和执行。对学前教育政策的动态解读虽然超越政策文本，但并没有否认政策文本的价值。相反，对学前教育政策的动态解读恰恰突出了政策文

① 刘世清.教育政策伦理［M］.上海：上海教育出版社，2010：85.

本在政策过程中的纽带作用。

政策过程大致可以划分为政策制定、政策实施和政策评估三大环节，其每一个环节都与政策文本关系密切。在政策制定环节，经过政策问题筛选与确认，政策信息的收集与甄别，政策预案的选择与修订，最终将形成政策文本。可以说，政策文本是政策制定环节的重要成果，也是整个政策过程的阶段性成果。政策文本还是后续政策过程得以展开的前提。在政策实施环节，是政策主体对政策文本的理解、落实、执行、监控与调整。如果没有政策文本，政策实施往往无章可循，政策行为也必将十分随意，甚至混乱。而政策实施结束之时会有政策终结和评估，这也与政策文本密切相连。政策终结的直接表现就是政策文本的废止。如在学前教育领域，1981 年教育部颁发了《幼儿园教育纲要（试行草案）》，有效促进了学前教育事业的发展。2001 年，教育部颁布了《幼儿园教育指导纲要（试行）》，宣布《幼儿园教育纲要（试行草案）》废止。《幼儿园教育纲要（试行草案）》实施了 20 年之后完成了自己的使命，也随之成为历史。在政策评估环节，其中一个重要的评估内容就是政策文本落实情况。

因此，政策文本产生并应用于政策过程之中，可谓贯穿于政策全程，就有明显的纽带作用，是政策过程的基本要素。而在静态的解读中，政策文本的纽带作用被忽略。

由此可见，基于动态解读政策的视角，政策主体、政策过程和政策文本是政策重要的构成部分，或者说是政策的基本要素。基于此，可以说政策包含了主体依据特定过程制定相应文本，并对该文本实施、评价的系列活动。因此，对政策的伦理诉求而言，仅仅着眼于政策文本这一维度的伦理过于单一，无法涵盖社会对政策过程和政策主体的伦理诉求。从动态的角度看，政策的伦理诉求应该体现于整个政策之中，政策的每一个行动、每一个目标、每一个成果都应该具有明确的伦理情怀，体现出特定的伦理诉求。而学前教育政策的伦理正当性恰恰就立基于政策主体一系列行动都具有恰当的伦理诉求之上。可见，学前教育政策的伦理诉求与政策要素密切相连，政策的每一要素都应具有内在的伦理诉求。其中，与政策主体相对应的是学前教育政策的主体伦理，与政策过程相对应的是学前教育政策的过程伦理，与政策文本相对应的是学前教育的内容伦理。

（二）从简单化到系统化的伦理诉求

简单化的伦理诉求是一种简单、孤立思维理路的体现，其既可能表现为伦理诉求过少或过于单一；也可能表现为虽有不同的伦理诉求，但这些伦理诉求之间关系不明、层次不清，亦即存在多种伦理诉求，但如果这些伦理诉求处于同一层次，或没有明确交代不同诉求之间的关系那么就只是数量的堆砌。学前教育政策现有的伦理诉求虽然具有明确性，但却缺乏系统性，是一种简单化的思维理路。一方面，如前所述，已有学前教育政策的伦理诉求似乎只是一般伦理诉求，而欠缺根本伦理诉求，伦理诉求的层次过于单一。另一方面，学前教育政策中社会角度的伦理诉求与个人角度的伦理诉求之间的关系需要进一步明晰，是社会角度的伦理诉求高于个人角度的伦理诉求，还是个人角度的伦理诉求高于社会角度的伦理诉求，抑或是二者是平等的关系。因此，只有对简单化的伦理诉求加以调整，构建起系统化的学前教育政策伦理诉求体系，才能重建学前教育政策的伦理正当性。

1. 学前教育政策利益相关者的多元性

就学前教育政策而言，其利益相关者具有多元性，需要系统处理各方主体的伦理诉求。学前教育政策要成为治理学前教育问题、引领学前教育发展的良善之策，就需要关注和合理满足利益相关者的诉求。利益相关者不仅受政策目标的影响，还受到政策行为的影响。学前教育政策的利益相关者是受学前教育政策目标与行为影响的团体或个人。具体而言，学前教育政策的利益主体包括学前儿童、家长、教师、幼儿园、教育管理部门以及专家咨询团体或第三方评价机构等，利益相关者具有多元性。

学前教育政策之所以要关注和满足其利益相关者的合理诉求，是因为学前教育政策过程中的公共权力源自人民的共同意愿。在学前教育政策过程中，政府等相关主体被赋予特定的公共权力，以保障政策的制定、执行、监测、评估和终结，这些公共权力是学前教育政策过程的保障条件。然而这些权力并非是政策相关主体天然享有的，而是源于个体权力的转让与聚合。作为人民民主专政国家，人民是国家的主人，政府等相关主体代表人民的共同意愿行使公共权力。而根据社会契约理论，政府的公共权力源于人们的约定。在约定的条件下，公意开始产生，个体的部分权力在约定中转化并聚合成公共权力。因此，人们的共同意愿或公意是公共权力的基础。卢梭（Jean-Jacques Rousseau）指出，当公意从全体出发时，其全体才适用；如果公意指向于个别而非全体的目标，就会失去其本身具有的天然公正性。① 这意味着基于人们共同意愿的公共权力只有指向与服务全体的利益时，其天然的公正性才得以彰显。在制定和实

---

① 〔法〕卢梭. 社会契约论［M］. 何兆武，译. 北京：商务印书馆，2012：39.

施学前教育政策的过程中，公共权力的使用需要与人们的共同意愿相符，政府等相关主体要做到权为民所用，利为民所谋，以符合人民的利益。从利益相关者的视角，凡政策所涉及的利益主体，都具有提出自己合理诉求的权利。

在具体的学前教育实践中，这些利益主体的诉求并不一定是一致的，甚至很多时候是相互矛盾的，这是价值多元化时代的一大特点。面对与自身利益相关的教育政策问题，其利益相关者有充分的理由和现实的必要加入这些政策问题的讨论中去。① 由此可见，就学前教育政策而言，仅用一种或一个层面的伦理诉求很难照顾到多元化的利益主体。要改变此种现状，就需要协调各方的诉求，对学前教育政策的伦理诉求进行调整与丰富。

在公共政策过程中，政策并不是完全遵守某种单一的伦理价值观念，而是多种政治价值和政策伦理观念在现实政治制度构架之中相互协商的结果。② 学前教育政策亦是如此。在调整与丰富学前教育政策伦理诉求的过程中，需要根据利益相关者与政策的相关程度进行系统建构。"一个好的公共政策是多数人意愿和利益的产物，它不是少数人意志和利益的合成。"③ 学前教育政策需要满足其多数利益相关者的利益，才可能得到社会的认可和人们的遵从，才可能促进幼儿的健康成长。虽然学前教育政策的利益相关者众多，但"相关"并不意味着"相同"，不同的主体与学前教育政策的利益相关程度并不一样。根据学前教育政策利益相关者与政策的相关程度，

---

① 刘荣. 利益相关者共同治理视阈下的教育政策制定［J］. 现代教育科学，2011（9）：21 - 24.

② 陈振明. 公共政策分析［M］. 北京：中国人民大学出版社，2003：496.

③ 陈潭. 公共政策：谁之政策？何种政策？［J］. 行政与法，2004（5）：9 - 11.

可以将学前教育政策利益相关者分为核心利益相关者、重要利益相关者和一般利益相关者。利益相关者与政策的相关程度越高，其伦理诉求就越该重点考虑。只有如此，学前教育政策的伦理诉求才可能体现出层次性。

2. 学前教育领政策问题的复杂性

学前教育领域的政策问题具有特殊的复杂性，人们在应对这些政策问题时，需要通过系统化方式进行治理。学前教育政策问题通常源于政策主体对学前教育实践问题的选择与确认。学前教育政策问题之所以复杂，源于学前教育政策问题的社会性与动态性。

学前教育政策看似治理和应对的是学前教育内部的问题，但这些问题并不仅仅只在学前教育内部发生作用，而是超越了学前教育领域的界限，与广泛的社会发生联系。因此，这些问题在很大程度上是社会问题在学前教育这一特定领域的外在体现。教育政策"调整的是教育领域的社会关系，解决的是教育领域的社会问题"①。学前教育政策问题得到解答的程度，反映的是学前教育内部与外部关系调整的程度。当学前教育政策问题得到有效解答时，学前教育内部与外部关系就得到了有效调整，学前教育内部与外部关系也就因此变得融洽。如学前教育领域中的"入园难"问题，其实并不是孤立的学前教育内部问题。"入园难"问题在学前教育内部产生了很大影响，妨碍了学前教育事业的有序发展和学前儿童的健康成长；同时，该问题又有较强的教育外部效应，在社会上引起了人们的广泛关注，从而成为一个亟待解决的社会问题。因此，在该问题中包含着复杂多样的伦理诉求问题，要求政府多个部门进行配合，这样才

① 刘复兴. 教育政策的价值系统 [J]. 清华大学教育研究，2003 (2)：6–13.

能有效治理。

如 2010 年出台的《国务院关于当前发展学前教育的若干意见》明确指出要着力解决当前存在的"入园难"问题，强调"健全教育部门主管、有关部门分工负责的工作机制，形成推动学前教育发展的合力"①。该政策中提到的有关部门包括机构编制部门、卫生部门、发展改革部门、民政部门、工商部门、公安部门、财政部门、城乡建设和国土资源部门、人力资源和社会保障部门、妇联、残联，以及城市社区居委会和农村村民自治组织等十余个不同性质的相关部门。基于多个部门的通力合作，"入园难"问题才能得到有效治理。《学前教育专题评估报告》指出："学前教育三年毛入园率 2009年仅为 50.9%，2014 年达到 70.5%，提高了 19.6 个百分点，提前实现《教育规划纲要》目标；2014 年，全国在园幼儿达到 4050.71万人，比 2009 年增加 52.41%，'入园难'得到有效缓解。"② 由此可见，如果将学前教育政策问题限定在学前教育内部，仅靠教育部门加以治理是很难奏效的。教育政策问题并不是孤立的问题，而是一个复杂的问题系统。③ 在面对这一复杂的问题系统时，政策主体需要用系统的思维进行应对和解答，方能整合多方的力量，平衡不同的诉求。

同时，学前教育政策问题具有动态性。学前教育政策问题并非一经确认就永恒不变，由于问题所处的内外部环境的变化，问题的

---

① 国务院. 国务院关于当前发展学前教育的若干意见 [EB/OL]. 2010 – 11 – 24. http://www.gov.cn/zwgk/2010 – 11/24/content_ 1752377. htm

② 《国家中长期教育改革和发展规划纲要（2010—2020 年）》中期评估：学前教育专题评估报告 [EB/OL]. 中华人民共和国教育部官网，2015 – 11 – 24.

③ 杜晓利. 论教育政策问题及其构建 [J]. 当代教育论坛，2005（15）：18 – 20.

特性也会有所改变。如在 2009 年前后，当"入园难"成为社会普遍关注的问题时，人们通常希望能多建幼儿园，多提供学前教育学位，从而保障幼儿"有幼儿园上"。此时人们对该问题的解决之道主要集中在数量上。然而，通过国家和地方的共同努力，学前三年毛入园率大幅提升。到 2016 年，学前三年毛入园率已从 2009 年的 50.9%提高到 77.4%。全国不少经济较发达的地区和中心城市学前三年毛入园率已超过 90%。如 2016 年成都市各类幼儿园共 2228 所，在园幼儿 51.4 万人，3—5 岁幼儿入园率达 98.89%。① 对于全国来说，虽然学前教育入园难依旧存在，但人们关注的重点已经超越了"有幼儿园上"的层次，而更多地关注"有好幼儿园上"，这是对学前教育质量的诉求。人们似乎意识到，在提升学前教育入园率的同时，还必须保证学前教育的质量，这对学前儿童特别是学前儿童中的弱势群体非常重要。② 因此，即使在学前教育尚未完全普及的情况上，人们的需求与关注点也在不断提升。由于人们对学前教育的期望和要求越来越高，此时的问题虽然依旧是"入园难"问题，但人们对该问题的解决之道已经超越数量要求，人们在强调数量的同时重视质量。尽管方案要解决的问题不会过时，但解决方案却会过时。③ 在不同时期，人们对政策问题的解答有不同的诉求。因此，针对问题的解决方案必须适时调整，应对人们新的诉求。

---

① 关于印发《成都市第三期学前教育行动计划（2017–2020 年）》的通知［EB/OL］. 成都市教育局，2017–09–07.

② Magnuson，K. A.，J. Waldfogel. Early Childhood Care and Education：Effects on Ethnic and Racial Gaps in School Readiness［J］. The Future of Children，2005，15（1）：169–196.

③ 〔美〕威廉·S. 邓恩. 公共政策分析导论［M］. 谢明等，译. 北京：中国人民大学出版社，2010：122.

（三）系统化学前教育政策伦理诉求的意义

基于"动态—系统"框架似可初步确定，学前教育政策的伦理诉求是由主体伦理、过程伦理与内容伦理构成的系统化的伦理体系。系统化的学前教育政策伦理诉求在政策过程中具有十分重要的意义。正是基于这些意义的发挥，人们对学前教育政策的伦理期望和要求才可能得以满足，学前教育政策的伦理正当性才可能得以彰显。

1. 维护学前教育政策的道德权威

政策与权威有内在关联，美国学者杰克普拉诺（Jack Prano）认为，公共政策是个人或集体制定的政府法规或措施，即每一政治系统的权威性决定的输出。① 政策是一种权威的决定、权威的行为、权威的体现。对学前教育政策而言，如果缺乏权威，就失去了存在的必要。恩格斯（Friedrich Engels）在《论权威》中指出，权威"是指把别人的意志强加于我们；另一方面，权威又是以服从为前提的"②。由此可见，权威是外在力量和内在力量的结合，其本质特征包括两个方面，一是外在于人们的意志和力量，是强权的表现；二是为一种内在力量，需要人们自觉服从。于是，政策的权威通常源自两个方面，一是政策背后的强权或权力，二是民众对政策的认同与遵守。要求民众认同和遵守政策通常是有条件的，政策体现的权力若如没有道德基础，并会招致抵制。"对统治者与被统治者来说，权力必须要有一个道德基础，使得统治者可以统治得心安理得，而

---

① 〔美〕杰克·普拉诺. 政治学分析辞典［M］. 胡杰，译. 北京：中国社会科学出版社，1986：134.
② 马克思，恩格斯. 马克思恩格斯选集：第二卷［M］. 北京：人民出版社，1972：551.

被统治者也认为统治者统治的权力是正当的。"① 权力只有与伦理相结合，才能得到人们的认可和支持。有了完善的道德基础或伦理诉求，权力就具有了道德属性，也就因此变成了道德权力。

民众对政策的遵守度越高，政策的权威往往就越高。要使政策获得民众的自觉遵守，政策必须是可接受的。要使政策具有良好的接受性，就需要融入伦理道德。"从理性选择角度分析，富有社会伦理的教育政策将使社会公众较易接受。"② 此时，富有社会伦理的权威已变成道德权威。学前教育领域的任何一项政策被民众认可和遵从，并不仅仅因为该政策是国家权力的外显形式，含有权力的强制特性，更因为其合乎特定的伦理关怀，符合人们基本的道德需求，具有道德权威。伦理诉求越充足和完善，政策的道德权威就越完满。因此，具有完善的伦理诉求的学前教育政策才可能拥有完满的道德权威，从而使人们乐意遵从。

2. 保障增进社会多种福利

"福利"一词指幸福和利益。福利一词的英文为"welfare"，该词又由"well"和"fare"组成。"well"意为"好"，"fare"意为"进展、经营、过活"等，合起来可视为"好的生活"。"福利的基本内涵和本质特征是指一种美好生活状态，或是一种福祉、幸福快乐和满意的状态。"③ 完善的学前教育政策伦理诉求直指学前儿童的好生活，这是儿童最大的福利。同时，完善的学前教育政策的伦理

① 石元康. 天命与正当性：从韦伯的分类看儒家的政道 [J]. 开放时代，1999（6）：5–23.

② 陈鑫. 以理性选择视角分析中国教育政策伦理 [J]. 海峡科学，2010（9）：18–19.

③ 刘继同. 社会福利与社会保障界定的"国际惯例"及其中国版涵义 [J]. 学术界，2003（2）：57–66.

诉求能保障和增进家庭福利。家庭福利是社会福利在家庭中的具体体现，是为促进家庭幸福的各种服务和制度。促进家庭幸福的服务和制度包括生育、医疗、就业等多个方面，其中教育是重要的组成部分。对每个家庭而言，孩子能够顺利入学并接受优质的教育是一件举家欢庆的事情，整个家庭也会因此而长期提升幸福指数。

近年来，学前教育的在园幼儿数、幼儿园数、入园率等不断上升，就是社会福利增加的体现（见表 2 - 1）。学前教育政策的伦理关怀能在一定程度上营造良好的社会道德氛围。公平、公正、和谐等良好的社会氛围是人们生活得好的外在条件，也是社会福利的有效成分。现代伦理国家都会积极致力于良好的社会氛围，通过对社会问题的化解和治理，为人们的幸福创造条件。学前教育政策的影响范围并不局限于学前教育领域，而是波及整个社会。"教育政策道德性辐射面更广，影响更多的利益相关者。其他没有任何一种政策，能够像教育政策这样辐射社会中所有的人，因为它是培养人的政策，与社会中的每一个人都有直接或间接的联系。"① 学前教育政策亦然。学前教育政策的利益相关者涉及无数的社会成员，学前教育政策的伦理关怀会对整个社会带来积极影响，能在一定程度上营造良好的社会氛围。

---

① 孙艳霞. 教育政策道德性研究——义务教育城乡差距的归因与路径探析 ［D］. 长春：东北师范大学，2006.

表2-1　2009—2016年全国幼儿园数、在园儿童数和学前三年毛入园率

年份	幼儿园（万所）	在园儿童（万人）	学前三年毛入园率（%）
2016	23.98	4413.86	77.4
2015	22.37	4264.83	75
2014	20.99	4050.71	70.5
2013	19.86	3894.69	67.5
2012	18.13	3685.76	64.5
2011	16.68	3424.45	62.3
2010	15.04	2976.67	56.6
2009	13.82	2657.81	50.9

注：数据来自各年度《中国教育年鉴》

3. 实现对学前教育实践的道德引领

学前教育政策与学前教育实践有密切关系，学前教育实践是学前教育政策的出发点，学前教育政策源于对学前教育实践问题的选择与确认。由此可以说，学前教育政策是对学前教育实践问题的回应和治理。由于学前教育实践关乎幼儿的健康成长，关乎幼儿的个性发展，关乎幼儿的生活质量，学前教育实践中的问题通常要么与伦理直接相关，要么与伦理间接相关。"教育领域中现实的困惑已经显示出开展'合道德'的教育政策研究的重要性和紧迫性，道德属性是教育政策必须关注的时代课题。"① 面对实践层面的伦理问题，一方面，迫切需要学前教育政策进行伦理回应和引导，以应对实践中的伦理问题。另一方面，学前教育政策不能仅仅停留在对学前教育实践问题的回应与治理上，否则学前教育政策指导者就会陷入疲

---

① 孙艳霞. 教育政策道德性研究——义务教育城乡差距的归因与路径探析 [D]. 长春：东北师范大学，2006.

于应对的"救火式"尴尬境地。"教育政策与教育实践的关系不能只是头痛医头、脚痛医脚，而应当深入分析其内部构造并寻求一种系统的理论解释工具。"① 学前教育政策需要具有前瞻性，从而有效引领学前教育实践的发展。

政策的前瞻性受多个因素影响，如对实践的发展趋势能否有效预测、政策目标是否恰当、政策手段是否有效等，其中一个重要的影响因素是政策的伦理追求是否恰当，是否具有普遍性、根本性。就学前教育政策而言，有了完善的伦理诉求，才可能具有前瞻性，从而有效引领学前教育实践。

当前，促使学前教育政策具有前瞻性已成为西方部分发达国家的有益经验。如英国近年来学前教育发展态势良好，学前教育改革成果颇丰，这与其学前教育政策具有前瞻性有密切关系。英国 1998 年实施了"确保开端"计划（Sure Start），2003 年实施了"所有孩子都重要"规划（Every Child Matters），2004 年实施了"儿童保育十年战略"（A Ten - year Strategy for Childcare），这些学前教育政策都致力于学前教育公平、幼儿健康成长和幸福生活，其引领作用十分明显。"英国学前教育政策不仅着眼当下的问题与困境，更着眼于对未来的挑战做出预测与应对，对未来发展愿景做出积极规划，充分体现了政策的前瞻性与预测性。"② 由此可见，学前教育政策的伦理诉求越完善，就越能积极回应学前教育实践问题，并在回应的基础上有效促进和引领学前教育的健康发展。

---

① 徐赟. 教育政策研究的一个可能视域——教育政策与教育实践的关系 [J]. 扬州大学学报（高教研究版），2014（3）：3-7.
② 庞丽娟，沙莉，刘小蕊. 英国布莱尔政府学前教育改革政策及其主要特点 [J]. 比较教育研究，2008（8）：34-38.

二、伦理正当性解读

虽然笔者在前文中已对"正当性"进行了界定，但由于"正当性"是一个复杂的概念，想深入把握其确切内涵并非易事。要化解学前教育政策的伦理正当性危机，需要对其进行更加深入的解读，如此才能明确重建学前教育政策伦理正当性的恰当维度。

美国学者亨廷顿（Samuel Huntington）指出，正当性（legitimacy）是一个比较不易把握的概念，然而它对于理解国家、政权和政治行动等却必不可少。①"正当性"概念之所以复杂，首先源于正当性拥有较多相近、相似和相关的概念群，诸如应当、正确、正义、恰当性、合理性、合法性、证成性、有效性等概念。其中，合法性是非常容易与正当性混淆的概念。其次，正当性是多学科关注的对象，诸如政治哲学、伦理学、法学、政治学等，这些学科都将正当性问题视为其重要的研究对象。学科视角的差异难免会影响学者对正当性的界定。再次，正当性在学术史上已融入不同学者的理论体系中，诸如孟德斯鸠（Montesquieu）、卢梭、施密特、哈贝马斯等著名学者，都对正当性问题进行过论述，而不同论者的论述存在一定差异。由于正当性如此复杂，以至罗尔斯曾建议，以"公平的正义"

----

① 〔美〕亨廷顿. 第三波：20 世纪后期民主化浪潮［M］. 刘军宁，译. 上海：上海三联书店，1998：54－57. 在《第三波：20 世纪后期民主化浪潮》的中译本中，译者将亨廷顿使用的"legitimacy"一词译为"合法性"，笔者将其改译为"正当性"。就"legitimacy"的中文译法而言，学界并不统一，笔者将在后文进一步论述。

作为现有各种正当概念的一个代替①，企图通过概念替换的方式达成共识。当然，这只是罗尔斯一家之言。概念替换虽可达成共识，却会牺牲原有概念丰富的内涵。在此，笔者通过两种方式推进，一是通过词源学的考察，追根溯源，力求探析其"原初含义"；二是从学术体系中把握其基本内涵，要理解正当性的含义，需要将其放入各自的理论体系中加以考察。

（一）伦理正当性的内涵考察

要明确伦理正当性的内涵，首先要明确正当性的内涵。英文"legitimacy"一词，源自拉丁语"legitimus"，其对应的法文为"légitimité"，德文为"legitimität"。"legitimus"有两个含义，其一为合法的、源自法律的，其二为恰当的、正确的。②这两个意思虽有所不同，但有一个共同之处，即是与某种特定的标准相符合。就第一个含义而言，要与特定的法相符，才是合法的或源自法律的；就第二个含义而言，要与特定的价值取向相符，才是恰当的或正确的。在古典思想中，政治秩序源于自然秩序，是依据自然秩序建立起来的，自然秩序是好的、正当的，其为政治秩序提供了参考标准，并保证政治秩序及其权力来源是正当的。随着这一概念的瓦解，统治者的正当性就受到了质疑，从而需要寻求新的标准。于是，"legitimacy"一词应运而生。法国学者马克·思古德（Mark Skood）认为，"legitimacy"一词不会出现在中世纪之前，而"legitimate"的出现早

① 〔美〕约翰·罗尔斯. 正义论〔M〕. 何怀宏，等译. 北京：中国社会科学出版社，2009：85.
② J. G. Merquior, Rousseau and Weber: Two studies in the theory of legitimacy〔M〕. London: Routledge & Kegan Paul, 1980: 2.

于"legitimacy"。①"legitimacy"一词的动词和形容词形式都是"legitimate"，作为动词时可译作"正当化"，作为形容词时可译作"正当的"。由于在中世纪法律和哲学中构建了"legitimacy"，"legitimacy"也就逐渐演变为评价统治资格的标准。②

"legitimacy"的词根为拉丁语"lex"（法），直译似为合法性。然而，由于中西方文化传统的差异，对法的理解也不尽相同。在中国文化中，"法"一般是指具体的法律、法规，是对实在法的统称，通常不具有更高层次的、为实在法提供依据的正义、正当或权威等含义，而为实在法提供依据的通常被称为"道"或"理"。中国的礼法是依据天道、天理或道理确立的。在西方传统中，法的内容更为丰富，既包括实在法，也包括自然法。自然法是依据自然秩序的体现，自然法规定了何为正义，因而为实在法提供依据和标准。英国学者洛克（John Locke）曾指出，自然法是对实在法进行规定与解释的依据，基于自然法的实在法才是公正的法。③ 实在法的正当性源于自然法，当实在法与自然法一致时，就拥有正当性，就是良法，反之则不具正当性，是劣法或不正义的法。因此，"legitimacy"的词根虽为"lex"，但其指向的是自然法而非实在法。有论者认为，"自然法本身就是一种正当化的思想观念"④。基于古典的思想，自然法因符合天地自然特有的规律而合理正当。由此可见，将"legitimacy"直译为"合法性"时，有时会被视为"合法律性"，从而不能凸显

---

① 〔法〕让-马克·思古德. 什么是政治的合法性［J］. 王雪梅，译. 外国法译评，1997（2）：12-19.

② 刘毅."合法性"与"正当性"译词辨［J］. 博览群书，2007（3）：55-60.

③ 〔英〕洛克. 政府论（下篇）［M］. 叶启芳，译. 北京：商务印书馆，1964：10.

④ 刘杨. 法律正当性观念的转变［M］. 北京：北京大学出版社，2008：78.

其因涵盖自然法而具有的"正当性"的含义，从而窄化了"legitimacy"的含义。"legitimacy"是为实际的法律提供正当性基础和证明，基于"legitimacy"的法律才能获得公认。① 同时，将"legitimacy"直译为"合法性"也不易与"legality"相区分。"legality"常被译为"合法性"，其实是指"合法律性"。由此，笔者在此将"legitimacy"视为正当性，将"legality"视为"合法性"。由此可见，从词源上看，"legitimacy"是对符合某种特定标准的判断结果。在人们后来的解读中，因为判断标准的不同，从而出现了正当性理论的分化。

在古代汉语里，"正"和"当"较少连用。就"正"字而言，《说文》云："正，是也。从止，一以止。"南唐文字训诂学家徐锴对其注曰："守一以止也。"在古代，"一"通常是"道"的指称，是天地万物运行法则的概括。《说文》云："一，惟初太始，道立于一，造分天地，化成万物。"道立于一而造分天地，本乎天者亲上，本乎地者亲下，积阳为天，积阴成地。因此，"一"化而为阴阳，阴阳交则生万物，此为化成万物。万物皆生于一，一为造物源头，故为一元。《道德经》有云："天得一以清，地得一以宁，神得一以灵，谷得一以盈，侯王得一而以为正。"因此，"守一以止"就是要守住特定的法则，让行为与之相符，做到不斜不歪，不偏不倚，不过亦无不及。就"当"字而言，当的古字为"當"。《说文》云："当，田相值也。"意为田与田相持也，引申为"凡相持相抵皆为当"。可见"当"具有相称、适宜、对等的含义。这种相称、适宜、对等的东西可以是具体的事物，也可以是特定的价值观念。

---

① 刘毅．"合法性"与"正当性"译词辨［J］．博览群书，2007（3）：55－60.

在古文中,"正"与"当"连用似乎最早见于对《周易》爻辞进行解释的《小象》。《周易·否》第五爻的爻辞为:"九五,休否,大人吉;其亡其亡,系于苞桑。"《小象》曰:"大人之吉,位正当也。"否为泰的反面,意为天地闭塞、万物不生、不交不通的状态。然第五爻却是"休否,大人吉",预示着否的状态得到休止,出现了拨乱反正、否将返泰、扭转乾坤、由危而安之势。之所以会有如此发展态势,源于否卦第五爻为阳爻,且居阳位,与第二爻相应,属有德有位之象,从而能休止否的态势。《周易·系辞下》云:"危者,安其位者也;亡者,保其存者也;乱者,有其治者也。是故君于安而不忘危,存而不忘亡,治而不忘乱,是以身安而国家可保也。"因此,否卦发展到第五爻时能休否而吉,是因其位正当;而之所以位正当,是源于第五爻居中且正,符合周易吉凶的判定标准。当然,周易吉凶的判定标准源自对天地万物的认识。《周易·系辞下》有云:"古者包牺氏之王天下也,仰则观象于天,俯则观法于地,观鸟兽之文与地之宜,近取诸身,远取诸物,于是始作八卦,以通神明之德,以类万物之情。"因此,不论是中文的"正当",还是英文的"legitimacy",都意味着与对特定标准符合、相称或对等的状态。反之,则与特定标准不符合、不相称或不对等,从而不正当,或不具正当性。

正当性与合法性是一对极易混淆的词,虽然笔者在此将"legitimacy"视为正当性,将"legality"视为"合法性",但这并不意味着将正当性与合法性进行了有效区分。就正当性与合法性的关系而言,有论者将合法性等同于正当性。如有学者指出,与法律一致的行为，具有正当性；与法律不一致的行为不具有正当性。①这种认识主要流行于法学领域，其将法律作为行为判断的标准。笔者认为，将二者等同起来似有不妥之处。其一，法律法则只是人类行为的基本标准，但并非唯一标准，也不是最高的标准，将正当性等同于合法性无异降低了正当性的品质，从而可能沦为法律实证主义的工具。法律实证主义将事实与价值对立起来，从而拒绝正当性的价值标准，企图通过合法性来重建正当性。其二，任何一个组织或政府等要制定法律，要让人们遵守法律，都有一个前提，即该组织或政府的权力来源是合理的、正当的。这就需要对其权力来源的正当性进行论证，将正当性等同于合法性就会限制正当性的适用范围。施米特认为，基于"符合法则的"认识标明的是合法性，而非正当性。② 正当性的标准往往高于实际的法律，如自然法、价值观等。如中国传统的思想中，行动的正当性源于天道。《阴符经》开篇提出："观天之道，执天之行。"对于人们而言，人们需要依据天道展开行动。就政治而言，人间的政治依然如此，所谓"璇玑玉衡以齐七政"，强调天之历数对政治的指导意义。《论语·尧曰》有云："咨！尔舜！天之历数在尔躬，允执其中。四海困穷，天禄永终。"尧传位于舜时要求舜躬行天之历数，只有这样，其执政才有正当性。因此，正当性高于合法性。罗尔斯指出，合法性允许有一定范围的不确定的不正义存在，而正义则不然。③ 由此可见，仅有合法性可能意味着不正

① 孙国华. 法的形成与运作原理［M］. 北京：法律出版社，2003：11.
② 〔德〕卡尔·施米特. 政治的概念［M］. 刘宗坤，译. 上海：上海人民出版社，2004：402.
③ 〔美〕约翰·罗尔斯. 政治自由主义［M］. 万俊人，译. 南京：译林出版社，2000：455–456.

义，合法性不应成为判定政策、行动、制度是否合理的根本原则。因此，合法性需要以正当性为基础，任何法律都应符合社会普遍的正义原则。

如果说正当性是对符合某种特定标准的判断结果，那么伦理正当性就是对符合某种伦理标准的判断结果。英文伦理"ethic"一词来源于古希腊文"ethos"，意为风尚、习俗和德性等。"ethos"最早可追溯到古希腊的荷马时代。那时，人们用"ethos"一词只表示惯常的住所、共同居住地，有时也可理解为风俗、性情，并不具有现在的伦理意思。① 到公元前 4 世纪，古希腊哲学家亚里士多德（Ar-istoteles）在使用"ethos"一词时赋予了其道德的含义。亚里士多德指出，"德性分为两类：一类是理智的，一类是伦理的。理智德性主要经教导而生成，由培养而增长，所以需要经验和时间。伦理德性则是由风俗习惯沿袭而来，因此把'习惯'（ethos）一词的拼写方法略加改动，就有了伦理（ethikee，ethics）这个名称"②。因此，人们常常将伦理和道德这两个概念大致等同起来。其实，英文道德"morality"一词来源于风俗（mores）一词，在其原初的意义上就与伦理具有很大的相似性。

在汉语中，"伦理"一词最早见于《礼记·乐记》："乐者，通伦理也。"《说文》有云："伦，辈也，从人仑声。一曰明道。""理，治玉也。"可见，伦的本意为类、辈，后引申为人与人之间不同辈分的关系；理的本意为治玉，是对璞玉的加工法则，从而使璞玉变为美玉，后由治玉的法则引申为处理人与人之间的行为准则。因此，

---

① 郭建新，杨文兵. 新伦理学教程［M］. 北京：经济管理出版社，1999：4.
② 〔古希腊〕亚里士多德. 亚里士多德选集（伦理学卷）［M］. 北京：中国人民大学出版社，1999：30.

"伦理"也通常指处理人们之间的关系时应遵循的道德和规范。当然，伦理和道德也有一些差异。"'伦理'更侧重于社会，更强调客观方面，'道德'更侧重于个体，更强调内在操守方面。"① 尽管伦理和道德有差异，但人们还是经常将二者等同起来。"无论如何，两个概念的趋同还是主流。"②以至于人们经常将二者放在一起使用，称作"伦理道德"。由于政策、行动、制度等需要符合善的标准，否则将被视为不义或恶的政策、行动、制度。因此，判定正当性与否的特定标准可以由不同内容组成，其中最重要的部分就是伦理道德标准。恰如有论者指出的那样，道德意义上的正当性含义一致都是正当性的本真意义，其他意义上对正当性的认识是为了维护道德意义上的正当性含义。③ 因此，在伦理学的视域中，正当性几乎等同于伦理正当性。

（二）伦理正当性的理论解读

人们对正当性的关注与探讨古已有之，在欧洲可以追溯到古希腊。哈贝马斯指出，欧洲的政治学理论从事正当性的研究，如果不是从梭伦开始的，那么至迟也是从亚里士多德开始的。④ 亚里士多德虽然没有使用"正当性"一词，但其对城邦正义与法治关系的探讨，其实就是对城邦进行正当性论证。

亚里士多德明确指出："城邦以正义为原则。由正义衍生的礼

---

① 朱贻庭. 伦理学大辞典［M］. 上海：上海辞书出版社，2002：14.

② 何怀宏. 伦理学是什么［M］. 北京：北京大学出版社，2002：12.

③ 刘杨. 法律正当性观念的转变［M］. 北京：北京大学出版社，2008：12.

④ Jürgen Habermas. Communication and the Evolution of Society［M］. Boston：Beacon Press，1979：181.

法，可凭以判断［人间的］是非曲直，正义恰正是树立社会秩序的基础。"① 亚里士多德认为好的城邦是依据正义而开展政治活动的城邦。可以说，正义是城邦政治与行动的根本标准，判定人间是非曲直。如果人间的实践符合正义，就具有正当性；反之则不具正当性。同时，亚里士多德还强调法治的重要性，认为由正义衍生的法治包含两重意义，一方面法律得到了普遍认同；另一方面，法律本身也是好的。亚里士多德的有关论述其实已初步勾勒出正当性的经验主义与规范主义两个方向，对后世学者关于正当性的研究影响极大。

1. 经验主义的正当性理论

经验主义的正当性理论强调获得社会制度、规范、政策、法律等事实上民众的认同。如果民众认同，就具有正当性，反之则不具正当性。美国学者阿尔蒙特（Gabriel A. Almond）指出，在某一特定的社会中，面对当权者制定的法规，如若人们自愿遵循而非迫于不遵循的惩罚压力，那么该政治权威就具有正当性。② 经验主义的正当性理论源于中世纪。中世纪构建的"legitimacy"概念发展出以"同意"为权力的正当性基础的观念。③ 德国学者马克斯·韦伯（Max Weber）继承和发展了经验主义的正当性理论。正当性理论在韦伯的政治社会学中占有重要地位。韦伯明确指出各种行动，特别是关涉社会关系的行动，都受到正当性这一信念的引导和影响。④

---

① 〔古希腊〕亚里士多德. 政治学［M］. 吴寿彭，译. 北京：商务印书馆，2012：9 - 10.
② 〔美〕加布里埃尔·A·阿尔蒙德. 比较政治学——体系、过程和政策［M］. 曹沛霖，译. 上海：上海译文出版社，1987：35 - 36.
③ 刘毅. "合法性"与"正当性"译词辨［J］. 博览群书，2007（3）：55 - 60.
④ 〔德〕马克斯·韦伯. 经济与社会：第一卷［M］. 阎克文，译. 上海：上海人民出版社，2010：121.

在探究正当性的过程中，韦伯采取了事实与价值分离的社会科学方法论，不关注正当性本身的价值诉求，而只关注民众事实上的认同。

韦伯指出正当支配有三种，正当性要求的效力可能建立在理性、传统或超凡魅力的基础上。① 这其实归纳出正当性的类型。一是合理型，基于对已制定的规则之合法的信仰，服从的对象是法定的非人格秩序，如成文法规等。二是传统型，基于对悠久传统之神圣性的信仰，服从的对象是历史久远的传统。这是最古老、最普遍的正当性类型。三是超凡魅力型，基于对个人的罕见神性、英雄品质或典范特性的忠诚，服从的对象是具有超凡魅力的领袖个人及该领袖创造的秩序。韦伯概括的三种正当性类型，虽内涵各有差异，但都是基于事实上人们对已有秩序的信仰与认同，这也是经验主义正当性理论的基本观点。由此，正当性只关注程序本身，秩序背后承载的价值好坏常常被忽视。这符合韦伯的方法论思想，认为社会科学家的任务是解释而非评价。解释意味着可以客观描述，而评价则必然要求价值关联。"韦伯是有意把基于价值理性的正当性悬置起来，他不打算去探究价值理念上的正当，而只关心现实政治中的合法。"② 可以说，韦伯有关经验主义正当性的论述，对后来的正当性探究有很大影响，不少学者都沿着韦伯的路向界定正当性。

经验主义的正当性在强调制度、法律、政策等程序的作用时，却忽视了制度、法律、政策等内部的价值取向。这也使韦伯的正当性理论受到了一些学者的批判。美国学者施特劳斯（Leo Strauss）认

---

① 〔德〕马克斯·韦伯. 经济与社会：第一卷 ［M］. 阎克文，译. 上海：上海人民出版社，2010：322.

② 赵淼. 在合法性与正当性之间——马克斯·韦伯正当性理论的当代解读 ［J］. 贵州师范大学学报（社会科学版），2009（5）：35-39.

为，马克斯·韦伯秉持相对主义的立场，否定价值体系的层次性，认为只是一系列没有高下之分的价值，这些价值相互冲突又难以解决，社会科学只能解释这些价值及其冲突，而这最终会导致虚无主义。由于韦伯将正当性视为对已有秩序或法则的信仰与认同，那么是否认同或遵从这些法则就成了个人的选择。人们的每一种邪恶或卑下的取舍，都会因具有特定的理性而被视为与其他的取舍同样合理。① 当正当性不关注法律、政策等的内在价值，国家的法律、政策等是好是坏就不得而知了。在这种情况下，不正义的法也完全因突出程序、传统、习俗或魅力等方面而获得人们的遵从，从而具有正当性。

2. 规范主义的正当性理论

规范主义的正当性理论将政治秩序根植于某种根本的或终极的价值规范，政治秩序或行动符合这样的价值规范便就有正当性，反之则不具正当性。在启蒙运动之前，这是一直占据主导地位的正当性理论。规范主义正当性理论对政治秩序究竟根植于何种价值规范有不同的认识，包括神的意志、自然法则、道德标准和人民主权等。

在信仰至上的时代，这种终极的价值规范往往源自神，如古希腊的荷马时期，世界秩序是由诸神创立的。因此，世间的秩序与行动必须符合神的指示。在那个时代，人们稍微重大的活动都要到神庙去请求神谕。基于神谕，人们才能展开具体的行动，并且这样的行动才具正当性。在此，神谕就是正当性与否的终极价值规范。在古希腊的哲学化时期，自然法则成为根本的价值规范。在这一时期

---

① 〔美〕列奥·施特劳斯. 自然权利与历史〔M〕. 彭刚，译. 北京：生活·读书·新知三联书店，2003：44.

的哲人看来，自然本性是善的，人类秩序从属于自然秩序，政治秩序是对自然法则的模仿。在中世纪，则是上帝创造了世界，人们不能对上帝的旨意随意改造，政治秩序必须与上帝制定的秩序相符才具有正当性，否则将不具正当性。在中世纪教皇的权力甚至大于国王的权力，这其实也是一种王权神授的思想，是对政治秩序的神学解读。

近代以来，随着天赋人权思想的推进，人取代自然，权力取代法，自然法最终被人的权力取代，于是政治秩序的正当性便源自人权。基于人权的平等性，政治秩序需要建立在人们的普遍意志或公意的基础上。根据社会契约理论，政府的公共权力源于人们的约定，政府代表人民利益行使公共权力。人生而拥有自然权利，在自然状态下，人是自由平等的主体。但自然状态的人并不完善，为了实现自我保存，人需要通过共同约定组成社会生活。卢梭指出："既然任何人对于自己的同类都没有任何天然的权威，既然强力并不能产生任何权利，于是只剩下来约定才可以成为人间一切合法权威的基础。"① 在约定的条件下，公意开始产生，个体的部分权力在约定中转化并聚合成公共权力。由于公共权力源于个体权力的转让，公共权力从一开始便指向所有的人，为所有的人服务。公意是公共权力的基础，公共权力是公意的体现和运用。"公意永远是公正的，而且永远以公共利益为依归。"② 因此，政治秩序需在基于权力的公意上建立起来才具有正当性。

在启蒙运动之后，理性替代了信仰，正当性的价值标准通常是

---

① 〔法〕卢梭. 社会契约论［M］. 何兆武，译. 北京：商务印书馆，2012：10.
② 〔法〕卢梭. 社会契约论［M］. 何兆武，译. 北京：商务印书馆，2012：35.

一种特定的善。这种对特定善的强调，指向了政策、法律等的实际内容，要求政策、法律的内在价值与之相符，如此方具有正当性。而政策、法律经历了哪些过程或程序，则不受关注。由此可见，在规范主义的正当性理论中，不同论者提出的正当性价值标准有所不同，但都认为政治秩序正当性并不是基于民众的认同，而是源于特定的价值规范。因此，根据规范正义的正当性理论，一个政治秩序即使是稳定的，得到了民众的认同，可能也不具正当性；而一个政治秩序即使没有现实的稳定性和民众的认同，但只要符合特定的价值规范，就可能具有正当性。

3. "重构"型正当性理论

鉴于经验主义正当性和规范主义正当性的各持一端，哈贝马斯试图融合经验主义和规范主义对正当性的界定。作为正当性理论的集大成者，哈贝马斯提出了"重构"型正当性理论。在《交往与社会进化》一书中，哈贝马斯指出："重构意指先将一个理论进行分解，之后以某种新形式将其再次组合起来，从而更加彻底地达成理论本身确立的目标。"[1] 这是哈贝马斯对正当性理论如何重构的交代。在后续的论述中，哈贝马斯完成了对正当性概念的重构。哈贝马斯指出："正当性意指对某一被认为正确与公正的因而被认可的政治秩序而言，其本身具有一些好依据。具备正当性的政治秩序应当获得认可，正当性就是意指政治秩序的某种价值获得了认同。"[2] 这个界定非常简明，但含义丰富。从哈贝马斯对正当性的解读中，可

---

[1] Jürgen Habermas. Communication and the Evolution of Society [M]. Boston: Beacon Press, 1979: 95.

[2] Jürgen Habermas. Communication and the Evolution of Society [M]. Boston: Beacon Press, 1979: 178.

以明显看到其将经验主义和规范主义有效结合的努力。

哈贝马斯指出，被认为正当性的政治秩序有一些好的根据。在其看来，以往对政治秩序正当性标准的认识是单一的，恰恰是这种单一性使人们对正当性的理解出现了偏差，经验主义和规范主义各执一端就是很好的例证。由此，哈贝马斯开始了其重构的尝试。

首先，哈贝马斯将正当性限定在政治秩序这一范围内。哈贝马斯对正当性进行了界定：某种政治秩序的价值被认可。"只有政治秩序才具有或缺失正当性，只有它们在需要正当化。"① 政治秩序是政治共同体通过制度、法律和政策等对政治活动与行为进行的引导和规范。而对政治秩序之外的事物，比如市场，往往与正当性没有联系。

其次，哈贝马斯突出的是政治秩序的价值。一项政治秩序要具有正当性，是因为其有特定的价值诉求。其实，哈贝马斯在此已经提及了这一特定的价值诉求，那就是"正确和公正"，也是哈贝马斯在该定义中提及的"好依据"。由此可见哈贝马斯的规范主义倾向。当然，哈贝马斯并没有将这一价值诉求看作是唯一的或绝对的诉求，而是指出"这个定义强调了正当性乃是某种可争论的有效性要求"，强调这一价值诉求可能存在争论。不同的论者可能因视角的差异而提出不同的价值。

再次，哈贝马斯强调这一价值要被认可。哈贝马斯随后就对正当性的解读就认为这一定义"同时也强调统治秩序的稳定性依赖于

---

① Jürgen Habermas. Communication and the Evolution of Society［M］. Boston：Beacon Press, 1979：178.

自身（至少）在事实上的被承认"①。这是经验主义所强调的正当性的内涵。哈贝马斯之所以如此看重民众的认同，是因为其在考察历史的政治秩序中发现，具有特定政治秩序的国家能在一定时期内存在，主要原因在于国家各种规范保证了对社会分化的遏制，而各种规范在一定程度上得到了认可。

哈贝马斯提出的正当性概念是基于某一价值规范的认同和遵从，其本身就是经验性与规范性的有效结合，二者是辩证统一的。② 可以说，哈贝马斯作为当代西方马克思主义的代表人物之一，充分运用辩证法的方法论，有效地融合经验主义和规范主义的可取之处，将事实经验与价值规范有效结合起来。当然，哈贝马斯能将二者有效统一，既源于对亚里士多德等人开创的正当性理论的借鉴，也源于现代学术思潮中科学主义与历史主义的相互批评、相互借鉴和相互融合。科学主义看重事实、经验和实证，历史主义看重事实与价值的统一，突出价值规范，看重价值体系对行动的引领作用。基于哈贝马斯的正当性理论，政策要获得伦理正当性，就需要特定的伦理诉求，并在事实上得到人们的认同与遵守。由此可见，只强调价值规范不能完全保证正当性，因为价值规范有可能是不切实际的，成了空中楼阁，从而陷入"看上去很美"的幻象。同时，只强调人们的认可也不能完全保证政治秩序的正当性，因为人们认可的政治秩序不见得就是好的或善的政治秩序。

---

① Jürgen Habermas. Communication and the Evolution of Society ［M］. Boston：Beacon Press，1979：178.

② 陈炳辉. 试析哈贝马斯的重建性的合法性理论——兼与胡伟同志商榷 ［J］. 政治学研究，1998（2）：82-88.

三、学前教育政策伦理正当性的重建维度

重建学前教育政策的伦理正当性并非一蹴而就便能实现，其需要经历一个相对漫长的过程：先要明确重建的伦理标准，继而确定重建的伦理维度，接着根据已有的维度丰富和完善具体的伦理诉求，然后将这些伦理诉求在政策过程中加以实施，实施之后还进行调查反思和评估。

在整个重建过程中，明确重建的伦理标准相对容易，有了系统完善的伦理诉求之后将其融入政策过程加以实施也并不太难。因此，重建的重心似乎是确定重建的伦理维度，并根据已有的维度丰富和完善具体的伦理诉求。亚里士多德认为："人的每种实践与选择，都以某种善为目的。"① 学前教育政策也是一种实践与选择。基于亚里士多德的思想，我们可以将重建的伦理标准概括为"教育善"。当然，这一概括尚有些抽象，我们需要将其具体化。这一具体化的过程就是确定重建的伦理维度，并由此丰富和完善其伦理诉求的过程。

（一）学前教育政策伦理正当性重建的三个维度

重建学前教育政策的伦理正当性需要确立合适的维度，基于对学前教育政策的动态解读，对学前教育政策伦理诉求的系统化转变，以及对伦理正当性的内涵解读与理论梳理，似可确定完善学前教育政策伦理诉求并重建学前教育政策伦理正当性的具体维度。

---

① 〔古希腊〕亚里士多德. 尼各马可伦理学［M］. 廖申白，译. 北京：商务印书馆，2003：3.

1. 内容伦理维度

如前所述，哈贝马斯对正当性的解读既强调价值规范，又看重事实经验，这其实也勾勒出重建伦理正当性的两个维度。其一，强调价值规范勾勒出重建伦理正当性的内容伦理维度。哈贝马斯认为，政治秩序、法律或行动规范要具有正当性，其本身需要有一些好的依据，而这个好依据是从政治秩序、法律或行动规则本身的内容体现出来的，需要符合特定的伦理诉求，这一特定的伦理诉求可以视为内容伦理。就学前教育政策而言，要具有伦理正当性，其本身也要有一些好的依据。这些好的依据通常沉淀在政策内容之中。这意味着学前政策内容本身就必须包含特定的道德规范和伦理诉求，并在政策文本之中将这些道德规范和伦理诉求加以确定和彰显。因此，重建学前教育政策的伦理正当性首先需要使学前教育政策的内容伦理与特定的善好标准相匹配。

2. 过程伦理维度

同时，哈贝马斯强调人们的实际认同勾勒出重建伦理正当性的过程伦理维度。强调人们对政治秩序的实际认同经哈贝马斯发展为商谈的伦理，突出程序要符合特定的伦理诉求。在哈贝马斯看来，现代法律或行为规范的正当性已经不完全由宗教或道德来建立，而主要源自民主参与和商谈。如若没有经过商谈，现实中的行动规范可能是无效的。哈贝马斯曾指出，对于所有的行动规则而言，"有效的只是所有可能的相关者作为合理商谈的参与者有可能同意的那些行动规范"①。只有受行动规范影响的主体参与到该规范的确立过程

---

① 〔德〕哈贝马斯. 在事实与规范之间——关于法律和民主法治国的商谈理论 [M]. 童世骏, 译. 北京：生活·读书·新知三联出版社, 2011：132.

中并合理商谈，行动规范才可能被人们认同，由此才具有正当性。于是，行动规范确立的过程就十分重要。"通过民主程序或政治公共领域之交往网络而发生的那种理解过程，体现了一种高层次主体间性，它在商谈论中受到了高度重视。"① 这其实强调人们对公共领域的参与和理解，每个人都有发表意见的权利。可以说，民主程序是一种具有特定伦理的程序，成为促进哈贝马斯化解资本主义社会正当性危机的有效途径。对政策程序的道德引领和规范是过程伦理的重要体现。就学前教育政策而言，其本身也是一种行动规范，要具有正当性，也需要具有特定伦理的政策过程。过程伦理是学前教育政策过程所体现的伦理诉求，需符合特定的民主或正义。

只强调价值规范或内容伦理不能完全保证正当性，因为价值规范或内容伦理有可能因政策过程或程序的不规范而受到政策利益相关者的职责，最终导致内容伦理无法实现。同时，只强调过程伦理也不能完全保证政策的伦理正当性，因为符合特定过程伦理的政策可能不是好的或善的政策。恰如"恶法非法"一般，恶法内在的价值不是善好的，因而不具正当性。

3. 主体伦理维度

政策的推行需要以权力为动力。有了特定的权力，政策才能平衡和协调政策利益相关者的不同诉求。权力与教育政策无法分离，因为权力的运行铸就了政策过程的结果。② 因此，在政策运行之初，政策主体就被赋予了特定的权力，并通过权力的运用，推进政策的

---

① 〔德〕哈贝马斯. 在事实与规范之间——关于法律和民主法治国的商谈理论 [M]. 童世骏，译. 北京：生活·读书·新知三联出版社，2011：370.

② 〔美〕弗朗西斯·C. 福勒. 教育政策学导论 [M].2 版. 许庆豫，译. 南京：江苏教育出版社，2007：23.

各项措施与行动。由于任何政策要达到预期目标都是靠相应主体实施和推动的，这就意味着一项政策即使内容伦理和过程伦理都十分合理，但主体在政策实施的行动中可能会出现行为偏差而无法达到预期目的，甚至使社会怨声载道。因为主体在落实政策的过程中可能会滥用权力。孟德斯鸠就指出："自古以来的经验表明，所有拥有权力的人，都倾向于滥用权力，而且不用到极限绝不罢休。"① 当拥有权力的政策主体一旦滥用权力，甚至权力腐败时，将会对学前领域的公共利益带来极大损害。同时，主体在享有权力的同时，即使不滥用权力，也可能出现权力闲置的情况，导致不作为或消极作为的情况发生，这也会给学前领域的公共利益带来一定的损害。因此，要使政策具有伦理正当性，就必须对政策主体进行相应的伦理规范，使之不滥用权力，也不闲置权力，而是尽职尽责将权力用好，增进学前领域的公共利益，促进学前教育事业和学前儿童的健康发展。由此可见，重建学前教育的伦理正当性尚需主体伦理维度。

如前所述，基于对学前教育政策的动态解读，政策文本、政策过程和政策主体是学前教育政策的三个基本要素。同时，学前教育政策的伦理正当性危机是一种全面的危机，是在政策文本、政策过程和政策主体三个方面均有所体现的危机。根据伦理正当性的相关理论，要重建学前教育政策的伦理正当性，需要从内容伦理、过程伦理与主体伦理三个维度展开。这是伦理正当性理论与学前教育政策三要素的有效契合。

善好的学前教育政策是内容伦理、过程伦理和主体伦理协调统

---

① 〔法〕孟德斯鸠. 论法的精神：上卷［M］. 许明龙，译. 北京：商务印书馆，2012：185.

一的政策，这样的政策才具有伦理正当性。有论者认为，好的教育政策包括好的生产过程、好的政策文本和好的社会效应。① 从伦理学的视角而言，生产过程指向过程伦理，文本指向内容伦理，而社会效应取决于政策内容伦理、过程伦理与主体伦理的有效结合。

（二）不同重建维度之间的关系

内容伦理、过程伦理和主体伦理三个方面的伦理诉求分别对应政策文本、政策程序和政策主体三要素体现的伦理诉求。其中，内容伦理是学前教育政策伦理最重要的组成部分，其决定着学前教育政策伦理的根本属性。"内容伦理是对教育政策本身进行'合法性'与'合理性'评判的根本原则。"② 因此，内容伦理首先指向政策根本而长远的伦理诉求，旨在为政策本身提供适宜恰当的伦理追求，是政策存在的根本伦理依据。

罗尔斯指出，对法律与制度等而言，如果是不正义的，不论其多么有效率或安排有序，都必须进行修改或废止。③ 学前教育政策如果没有明确而适宜的内容伦理，将会受到人们的质疑。或许正是由于内容伦理的重要性，人们此前应对学前教育政策伦理正当性危机的探索主要在该层面展开。有了内容伦理，学前教育政策的过程伦理和主体伦理才有方向。当某一行动或者决策因其内容伦理获得

---

① 涂端午，魏巍. 什么是好的教育政策 [J]. 教育研究，2014（1）：47-53.
② 彭华安. 教育政策的伦理性：缺失与回归 [J]. 中国教育学刊，2011（3）：34-37.
③ 〔美〕约翰·罗尔斯. 正义论 [M]. 何怀宏，等译. 北京：中国社会科学出版社，2009：3.

认同，该行动或决策的过程伦理才会有基础，才会有意义。① 其实不仅过程伦理需要以内容伦理为基础，主体伦理亦然。因此，具体的政策行动开始之时，首要考虑的就是内容伦理，对内容伦理进行选择，然后再考虑通过何种程序、需要哪些主体来实施等，以便实现内容伦理倡导的价值诉求。

当然，内容伦理可能设计得十分合理，但没有适宜的过程，没有负责任的主体，内容伦理也无法实现。过程伦理和主体伦理是实现内容伦理的条件。其中，过程伦理是客观条件，而主体伦理是主观条件。此外，主体伦理与过程伦理又分别是对方实现的条件。（见图2-1）一方面，主体伦理是实现过程伦理的主观条件，没有负责任的主体，过程伦理就可能束之高阁。另一方面，过程伦理又是实现主体伦理的客观条件。过程伦理对政策主体具有规范和引导作用，促使政策主体积极承担应尽的职责。

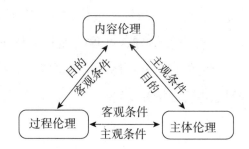

图2-1 内容伦理、过程伦理和主体伦理关系图

内容伦理、过程伦理和主体伦理在任何一项政策中都不可或缺。通过内容伦理、过程伦理和主体伦理三个方面的协调统一，才能构

① 毛新志.转基因作物产业化的伦理学研究［J］.武汉理工大学学报（社会科学版），2011（4）：451－457.

建政策系统化的伦理诉求，进而重建政策的伦理正当性。举一个形象的案例：一群人分蛋糕。内容伦理关心的是以何种伦理分配标准将蛋糕分给这些人，是平均分配，还是按劳分配，抑或是其他标准。标准可以不同，但提出的标准必须具有善的特性。否则，这一分配标准将难以得到大家的认可。过程伦理关心的则是如何设计出适宜的过程保证已经确定好的伦理分配标准得以实现。主体伦理关心的则是分蛋糕的人应当遵循何种的伦理规范以实现业已确定的伦理分配标准。具体而言，如果要求平均分给这些人，那就可以找一个负责的人在接受监督的情况下分蛋糕。倘若该分蛋糕的人是这群人中的一位，不仅要求其在接受监督的情况下分蛋糕，还可在过程设计中要求分蛋糕的人最后取蛋糕。通过这样的分配，最终每人获得的蛋糕才可能是相等的。在此案例中，内容伦理体现的是平等，过程伦理体现的是公正，主体伦理体现的是责任。

根据学前教育政策伦理正当性的重建过程，在确定重建维度之后，我们还需根据已有内容伦理、过程伦理和主体伦理三个维度，进一步丰富和完善学前教育政策具体的伦理诉求。在接下来的章节，本研究将对这些问题进行分析和探讨。

第三章　基于幼儿美好生活的学前教育政策内容伦理正当性

学前教育政策的内容伦理是学前教育政策目标、规则等所体现的伦理诉求。而政策目标和规则等通常涵括在学前教育政策文本内容当中。在教育政策文本的形成过程中，其主体通常会将政策的实质性内容放在不同形式的政策文本之中。① 通过政策文本，学前教育政策的内容伦理能明确体现出来，以便通过人们的理解、遵守与维持，达到预期目标和良好的社会效益。内容伦理是政策伦理诉求中最重要的组成部分，其旨在为政策本身提供适宜的伦理导向，并在很大程度上决定着政策的道德属性，是政策伦理正当性的重要依据。完善的学前教育政策内容伦理既包含一般伦理诉求，又包含根本伦理诉求。

---

① 刘复兴. 教育政策的价值分析［M］. 北京：教育科学出版社，2003：36－37.

一、学前教育政策内容伦理的导向

学前教育政策的内容伦理有其特定的导向，即通过面向学前教育领域利益关系的调整，导向学前教育领域一种可能的好生活。探析学前教育政策内容伦理的指向，将有助于明确学前教育政策内容伦理的具体内涵与组成部分。

（一）面向学前教育领域利益关系调整

学前教育政策要调整、增进和分配利益，而在调整、增进和分配利益过程需要特定的伦理诉求加以引导。从教育政策的内容看，教育政策所要解决的基本问题是如何处理好国家公共教育利益与不同社会群体成员私人教育利益之间的关系。[①] 政策涉及多个利益主体，这些主体的利益诉求不尽相同，要处理好不同利益之间的关系，就需要确定恰当的伦理诉求，这也是内容伦理需要解答的问题。只有遵循特定的伦理诉求，才能使学前教育领域的利益关系处理得妥帖恰当。

1. 学前教育领域公共问题的关注与治理

学前教育政策关注学前教育领域中的公共问题，并通过公共问题的治理来调整学前教育领域的公共利益。学前教育政策制定的首要环节是对现实中的相关问题进行抉择，而抉择的重要标准之一就是该问题具有普遍性，是该领域内所有人或多数人面临解决的问题，而非小部分人或个人的问题。公共问题影响广，对不直接相关的人

---

① 刘世清. 教育政策伦理 [M]. 上海：上海教育出版社，2010：56.

都有影响，不同于影响有限、只涉及一个或少数几个人的私人问题。① 公共问题的出现意味着该领域内的多数当事人和相关者的利益都受损，从而需要出台相应的政策进行治理。

　　在学前教育领域，其公共问题的出现通常意味着幼儿及其相关者如家长、教师等的利益会受到损害，只有通过相关政策进行治理，才能保障幼儿及其相关者的利益，进而增进社会利益。如学前教育领域曾经的"小学化"问题，严重地影响了幼儿的身心发展，成为社会关注的公共问题而亟待解决。针对这一问题，2011 年 12 月，教育部下发了《教育部关于规范幼儿园保育教育工作 防止和纠正"小学化"现象的通知》，其中明确提出："遵循幼儿身心发展规律，纠正'小学化'教育内容和方式。"② 该政策还对如何破解"小学化"提出了切实可行的策略与措施，并在实践中有效地扭转了学前教育领域的"小学化"问题，有助于促进幼儿在学前阶段适宜的个性化发展。可见，正是由于对公共问题的关注与治理，学前教育政策因而具有关注大众、关注多数、关注普遍的情怀，让政策相关者受益。

　　2. 学前教育领域公共利益的增加与丰富

　　学前教育政策需要增加和丰富学前教育领域的公共利益。"公共利益表示构成一个政体的大多数人的共同利益，它基于这样一种思想，即公共政策应该最终提高大家的福利而不只是几个人的福利。"③ 基于此，公众或大众才是公共利益的着眼点，公共利益不会

---

① 〔美〕詹姆斯·E. 安德森. 公共决策 [M]. 唐亮，译. 北京：华夏出版社，1990：66-67.

② 教育部关于规范幼儿园保育教育工作 防止和纠正"小学化"现象的通知 [EB/OL]. 中华人民共和国教育部官网，2011-12-28.

③ 〔美〕E. R. 克鲁斯克，B. M. 杰克逊. 公共政策词典 [M]. 唐理斌，等译. 上海：上海远东出版社，1992：30.

仅仅服务于小众或个人。公共利益表现出公共性和共享性的特性。学前领域的公共利益既有物化形式，如通过加大投入改善学前教育的物质条件，修建高质量的幼儿园，投入更多的幼儿玩具与教具，拓展幼儿的活动空间；又有非物化形式，如保证师资质量以提高学前教育质量，关注每个让幼儿平等发展的机会。这些公共利益虽为广大幼儿及其相关者共享，却并不会平白无故地增加。或许也正是基于公共利益的这些特性，社会成员通常只在乎各自对这些利益的享有，而较少甚至根本不关注如何增加和丰富公共利益。

在现实中，人们常常因过度享用公共利益而使这些公共利益逐渐减少或消失，造成美国学者奥斯特罗姆（Elinor Ostrom）所谓的"公地悲剧"①。亚里士多德就认为，人们通常会关心自己所有的事物，而忽视公共事物；即便是对公共事物有所关注，他们也往往只关注公共事物中与自己有关联的事物；那些本属社会大多数群体的公共事物却受到最少的人的关心和照顾。② 公共利益往往就是这样的公共事物，最多人享用，最少人照顾。于是，要防止公共利益减少或消失，并在此基础上使之得到增加和丰富，就需要国家通过公共政策加以调整。就学前教育领域的公共利益而言，要使其得到增加和丰富，需要通过学前教育政策加以调整。可以说，能够增加和丰富学前教育领域公共利益的政策，才可能成为好政策。

学前教育政策通过调整和增进学前领域的公共利益，最终给学

---

① 奥斯特罗姆指出，人们共用一种有限的公共资源，如牧地、渔场、池塘等，常常会造成这些资源的毁灭性破坏，发生"公地悲剧"。当然，"公地悲剧"的隐喻并不局限于某种公共资源，而更多地成为一种象征。参见：［美］埃莉诺·奥斯特罗姆. 公共事物的治理之道［M］. 余逊达，译. 上海：上海译文出版社，2012：2-4.

② 〔古希腊〕亚里士多德. 政治学［M］. 北京：商务印书馆，1983：48.

前儿童、家庭和社会带来福利。如前所述，对幼儿而言，学前教育政策通过为学前教育实践提供各种条件，而直接指向于学前儿童的健康成长，增进儿童福利。对每个家庭而言，孩子能够顺利入学并接受优质的学前教育是一件举家欢庆的事情，孩子的未来发展也值得期望，整个家庭也会因此而提升幸福指数。此外，通过调整和增进公共利益，学前教育政策能在一定程度上营造良好的社会氛围。因此，在学前教育政策不断调整和增进公共利益的过程中，其伦理意蕴也因此彰显。

3. 学前教育领域公共利益的调整和分配

学前教育政策还需要对公共利益进行调整和分配。学前教育政策并不能止于增进公共利益，因为公共利益可以通过一定的方式较大程度地增加，但如果不加以调整和分配，就可能导致公共利益的闲置浪费，甚至被少数人占有等情况。因此，学前教育政策还必须对公共利益进行调整和分配，如此才能让学前教育政策涉及的利益主体真正享有这些公共利益。

对学前教育政策而言，增进公共利益尚不太难，其较少关涉不同利益主体的利益冲突，而调整和分配公共利益就较多地关涉不同利益主体的利益冲突，需要更加妥善对待。学前教育政策增进的公共利益是为了给幼儿、教师、家庭以及幼儿园等学前教育机构带来真正的福祉。在现阶段，学前教育领域的公共利益是相对有限的。即使近几年学前教育领域的公共利益有较大幅度增加，但也没有达到按需享有的程度，因此需要政策进行调整和分配，而这调整和分配的道德原则需要由政策的内容伦理进行规定。"内容伦理主要研究一个行动或决策是否应该做。"① 因此,在调整和分配学前教育领域的公共利益时,需要有明确的内容伦理标准,从而明确谁享有这些公共利益、以何种方式享有这些公共利益等问题。

(二) 导向学前教育领域一种可能生活

学前教育政策是促进学前教育事业与学前儿童健康发展的基本保障和行为准则,需要对学前领域的生活进行引领,在学前领域导向一种可能生活。

1. 学前教育政策的现实生活治理

国家政治行动需要对人们的可能生活进行关注和引导,以此为出发点,政治行动才能受到大多数人的认可与支持。"制定良好公共政策的基础是政府伦理。这意味着伦理比任何一项政策都更加重要,因为所有的政策都基于伦理。"② 如若政治行动缺乏对共同善的关注,必将因缺乏正当性而失去合法性,从而得不到大众的支持。政策是国家政治的表现形式,国家通过政策将人们导向一种可能生活,帮助人实现期望的可能生活。

可能生活是基于现实又超乎现实的生活,是被认为有意义的生活。"可能生活具有理想性,它可以在现实生活之外被理解,但必定是能够通达的。"③ 可能生活内含特定的价值诉求,填充人们的想象空间,引领人们的实际行动,是值得期许和追求的生活。人在行动

---

① 葛绪锋,邓永进. 伦理学视野下民族旅游开发中的文化商品化研究 [J]. 资源开发与市场,2015 (12):1515 – 1519.

② Dennis F. Thompson. Paradoxes of Government Ethics [J]. Public Administration Review,1992,52 (3):254 – 259

③ 赵汀阳. 论可能生活 [M]. 北京:中国人民大学出版社,2010:140.

过程中，尽最大可能达成可能生活是其行动的基本原则，也是其在目的论意义上的道德原则。① 学前教育政策作为政治行动的载体之一，需要将学前领域的生活导向一种值得过的可能生活，这也是学前教育政策需要体现的基本人文关怀和道德情怀。

学前教育领域的可能生活可以具有层次性，可根据其实现时间分为远期和近期的可能生活，但这些不同层次的可能生活都应由学前教育政策进行引领，如此方能凸显学前教育政策的正当品质与引导价值，防止学前领域出现不符合幼儿身心发展特点的生活。

再以在学前教育领域较为普遍的"小学化"问题为例，在学前阶段就让幼儿学习小学才应学习的内容，如单词、识字、拼音、算术、诗歌等，这是"小学化"背景下幼儿的现实生活状态。这样的生活状态体现出超前教育和强化训练的特征，严重影响了幼儿的健康成长和个性化发展，与促进幼儿健康成长的可能生活有明显差异，并成为社会普遍关注的问题。这就需要通过学前教育政策进行治理与引领，在学前教育领域导向一种非小学化的生活，一种符合学前儿童年龄特征的可能生活。为此，国家出台了多个政策积极化解和治理学前教育中的"小学化"问题。

2010 年，国家公布了《国务院关于当前发展学前教育的若干意见》，该文件就指出"防止和纠正幼儿园教育'小学化'倾向"②。此后，教育部于 2011 年专门下文防止和纠正学前教育"小学化"的

---

① 赵汀阳. 论可能生活［M］. 北京：中国人民大学出版社，2010：140.
② 国务院. 国务院关于当前发展学前教育的若干意见［EB/OL］. 2010 – 11 – 24. http：//www. gov. cn/zwgk/2010 – 11/24/content_ 1752377. htm.

现象，并提出了防止和纠正"小学化"具体举措。① 之后，教育部于 2012 年出台公布的《3—6 岁儿童学习与发展指南》强调，"严禁'拔苗助长'式的超前教育和强化训练"②。该政策文件要求学前教育的开展要遵循学前儿童的身心特点，通过游戏化、生活化等符合幼儿特征的方式安排幼儿的一日生活。2014 年，教育部、国家发展改革委和财政部共同发文，要求"坚持小学一年级'零起点'教学，严禁幼儿园提前教授小学教育内容"③。在众多政策文件的导向下，经过多方努力，学前教育中的"小学化"问题得到了有效治理。2015 年公布的《〈国家中长期教育改革和发展规划纲要〉中期评估：学前教育专题评估报告》指出，全国各地都十分注重治理和化解学前教育"小学化"倾向，倡导以游戏为学前儿童基本活动方式。④可见，通过学前教育政策的规范和引领，学前儿童原来的小学化生活已然发生改变，取而代之的是正在逐步变为现实"非小学化"且符合学前儿童特点的生活。

---

① 2011 年 11 月，教育部出台了《教育部关于规范幼儿园保育教育工作 防止和纠正"小学化"现象的通知》，其中指出："遵循幼儿身心发展规律，纠正'小学化'教育内容和方式。"该政策还提出防止和纠正"小学化"具体举措，诸如要创设适宜幼儿发展的良好条件，整治"小学化"教育环境；严格执行义务教育招生政策，严禁一切形式的小学入学考试；并且指出要加强业务指导和动态监管，建立长效机制；加大社会宣传，营造良好社会氛围；还要求各地采取切实可行的措施，对幼儿园教育"小学化"现象和小学违规举行入学考试的现象进行督查和整改。参见：教育部关于规范幼儿园保育教育工作 防止和纠正"小学化"现象的通知［EB/OL］. 中华人民共和国教育部官网，2011 – 12 – 28.

② 3—6 岁儿童学习与发展指南［EB/OL］. 中华人民共和国教育部官网，2012 – 10 – 15.

③ 中华人民共和国教育部，国家发展改革委，中华人民共和国财政部. 教育部 国家发展改革委 财政部关于实施第二期学前教育三年行动计划的意见［EB/OL］. 中华人民共和国教育部官网，2014 – 11 – 05.

④《国家中长期教育改革和发展规划纲要》中期评估：学前教育专题评估报告［R/OL］. 中华人民共和国教育部官网，2015 – 11 – 24.

2. 学前教育政策的可能生活导向

可能生活是学前教育政策的基本着眼点。在学前教育政策过程中，无论是化解和治理政策问题，还是调整和分配学前领域的公共利益，都是为了在学前教育领域导向一种可能生活。

首先，学前教育政策问题源自学前领域的现实生活与可能生活的差距。在学前教育政策过程中，首要环节是对相关政策问题的确认。这些学前教育政策问题之所以会出现，一个重要的原因是因为学前领域的现实生活存在不足，没有满足相关主体的生活期许，没能在学前教育实践中趋近可能生活。当学前领域的现实生活与可能生活的差距逐渐成为一个普遍问题，逐渐成为社会关注的焦点，这就需要政策主体通过调查研究、资料收集、现状分析和问题界定等环节，确认学前教育的政策问题，并为接下来的政策制定明确方向，以便更好地应对和治理该问题。

其次，学前教育政策制定需要对学前教育领域的可能生活进行描述与表达。学前教育政策制定是为了应对和化解现实问题而进行政策方案的设计、选择与认定的过程，这一过程立足现实生活，着眼可能生活，是对幼儿在学前阶段应该过上何种生活的抉择。在政策制定中，政策目标是一个重要的组成部分，而政策目标包含着对可能生活的明确表述。"一个语法逻辑上完整的公共政策表述可以概括为：现实事态为 A，它符合价值标准 B，因此应当采取行动 C，遵从与否的后果是 D。"① "现实事态 A"是对现实生活的概述，是政策问题确认后的概况表达。"价值标准 B"是一种目标追求，包含着

---

① 杨正联. 公共政策文本分析：一个理论框架［J］. 理论与改革，2006（1）：24-26.

可能生活的描述，通过此部分内容，政策执行者方能够知晓行动的方向。因此，这一部分是政策文本最重要、最核心的内容。"应当采取行动 C"可视为达成可能生活的方法、策略与行为的总和，以便让政策执行者知晓如何行动。"遵从与否的后果 D"是要明确行动的后果，以便于在政策行动结束后依据可能生活的达成情况对政策主体进行评价。

再次，学前教育政策执行是根据既定政策将现实生活加以调整或改变，努力向可能生活迈进的过程。政策执行是政策目标能否实现的关键环节。在政策执行过程中，由于现实条件与目标难度等因素的影响，达成可能生活所需的时间和资源等会有较大差异。

最后，学前教育政策的评估包含着对政策实践是否达成可能生活的判定与监督。一方面，学前教育政策评估是对政策行动达成可能生活情况的评价。如若对现实问题进行了有效的化解和治理，实现了学前领域既定的可能生活，该学前教育政策便走向终结。此时，可能生活变为现实生活，人们处于这一既已实现的生活层次中，同时又将产生对更高一层可能生活的期许，学前教育政策过程便进入下一个政策循环之中。另一方面，在学前教育政策实施过程中，因政策主体、政策环境等多种要素的影响，政策行动可能会偏离预定的可能生活目标，这就需要通过政策评估将偏离的行动重新拉回预定轨道。

综上，学前教育政策的整个过程都在关注、规范和引领学前领域的生活。因现实问题影响可能生活的实现，政策主体常常会将现实问题转化为政策问题，并通过具体的政策行动化解和治理这些问题，从而让政策所涉及的利益主体过上可能的生活；而政策的终结大都意味着某种可能生活已经变成现实生活，需要在新的现实生活基础上追求新的可能生活。

二、学前教育政策内容伦理的完善

完善学前教育政策的内容伦理是重建学前教育政策伦理正当性的重要环节。在完善之初，我们需要明确学前教育政策内容伦理的构成及其完善路径。

（一）学前教育政策内容伦理的构成

如前所述，对学前教育政策而言，其必定要处理学前教育领域的利益关系，并在学前教育领域导向一种可能生活。由于可能生活的层次性，学前教育内容伦理也相应地具有层次性。学前教育政策的内容伦理是一个层次化的伦理诉求体系，该体系由不同层次的伦理诉求组成。这些伦理诉求既有根本诉求，以对应根本的可能生活，又有一般诉求，以对应一般的可能生活；既有短期诉求，以对应短期的可能生活，又有长远诉求，以对应长期的可能生活；既有社会角度的诉求，以对应面向社会的可能生活，又有个人角度的诉求，以对应针对个人的可能生活。根本诉求和一般诉求相互联系、相互影响，前者是后者的目的，后者是前者的条件。要重建学前教育政策的伦理正当性，就需要在学前教育政策中体现这一具有系统化的内容伦理。

已有学前教育政策的内容伦理大致从社会与个人这两个方面体现出来。一方面，强调学前教育的公平、效率、公益普惠等，这是从社会角度提出的学前教育政策的内容伦理。另一方面，强调学前儿童的健康快乐等，这是从个人角度提出的学前教育政策的内容伦理。然而，这些内容伦理要么因为指向学前教育资源分配和利益调整而没有触及学前教育政策的根本目的，从而不能成为学前教育政策的根本伦理诉求，如公平、效率、公益普惠等诉求，因而只能成为社会角度的一般伦理诉求；要么因为存在道德偏差而不适合成为学前教育政策的根本伦理诉求，如快乐等诉求，因而只能成为个人角度的一般伦理诉求。

当前，学前教育政策内容伦理中一般伦理诉求已经比较完善，包含公平、效率、公益普惠、快乐等诉求。因此，当务之急似乎是明确学前教育政策的根本伦理诉求。只有这样，学前教育政策和学前教育实践才有长远而根本的目标导向。学前教育政策的根本伦理诉求具有长远性或终极性，因此成为学前教育政策的终极价值。人类实践的根本伦理诉求似乎是"善"。亚里士多德在《尼各马可伦理学》中明确指出："人的每种实践与选择，都以某种善为目的。"① 面对教育政策，有论者指出，"教育善是教育政策的终极价值，决定了教育政策的发展性。"② 从此意义上，学前教育政策的根本伦理诉求也是一种教育善。然而，仅仅如此推演并不能凸显学前教育政策的独特性，也不能明确教育善在学前教育政策和学前教育实践中的基本面貌和确切内涵。由此可见，要明确和完善学前教育政策的内容伦理，需要明确学前教育政策中具有终极指向的教育善究竟是什么。

---

① 〔古希腊〕亚里士多德. 尼各马可伦理学〔M〕. 廖申白，译. 北京：商务印书馆，2003：3.
② 王举. 论教育政策的价值基础〔D〕. 上海：华东师范大学，2013.

（二）学前教育政策内容伦理的完善路径

由于学前教育政策的内容伦理中一般伦理诉求已较为完备，因此完善学前教育政策内容伦理的重心就应落脚于明确学前教育政策根本伦理诉求这一中心任务之上。在学前教育政策根本伦理诉求明确提出之前，需要探明学前教育政策根本伦理诉求来源的依据，如此方能为确定学前教育政策的根本伦理诉求找到恰当的方向。

1. 关照学前教育政策核心利益相关者的诉求

在完善学前教育政策内容伦理的过程中，其根本伦理诉求需要重点关照学前教育政策核心利益相关者的诉求。作为一个确定的概念，利益相关者（stakeholder）最早似乎于 1963 年在经济学领域出现①，用来描述与企业有利益关系的个人、人群或团体，利益相关者的提出是对传统企业"股权者至上"的超越，强调企业利益相关者除了股权者意外，还包括企业的职工、债权者、消费者和供应商等。20 世纪 80 年代后，因美国学者弗里曼（Freeman）等人的影响，利益相关者理论逐渐丰富，并超出了经济学领域，应用于政治学、社会学等社会科学领域。在弗里曼看来，利益相关者是"任何可影响组织目标实现，或者受该目标影响的群体或个人"②。基于对政策动态的解读，政策的目标和行动都会对政策所涉及的利益群体产生影响。当然，政策目标的实现需要通过一系列的政策行动来达成。因此，可将政策的利益相关者视为受政策目标和行为影响的群体或

---

① 〔英〕大卫·威勒，〔芬〕玛丽亚·西兰琶. 利益相关者公司 ［M］. 张丽华，译. 北京：经济管理出版社，2002：89－92.

② Freeman. R. E. Strategic Management：A Stakeholder Approach ［M］. Boston，MA：Pitman. 1984：21.

个人，而学前教育政策的利益相关者则是受到学前教育政策目标与行动影响的主体，这些主体包括不同的团体和个人。具体而言，学前教育政策的利益相关者包括学前儿童、家长、教师、幼儿园、教育管理部门以及专家咨询团体或第三方评价机构，等等。

虽然学前教育政策的利益相关者较多，但因其与政策的相互关系并不相同，受政策影响的强弱也不太一样，因此这些利益相关者虽与政策相关，但相关程度却存在较大差异。这就要求学前教育政策在生活导向时对相关程度不同的主体进行区分，并突出对受政策影响最大的利益相关者进行生活导向。美国学者亨利·罗索夫斯基（H. Rosovsky）基于美国高等教育的实际情况，根据决定权和影响力的大小，把高校的利益相关者罗列出四个类别。这四个类别的利益相关者与高校相关程度从大到小分别为：高校教师、行政主管与大学生；董事、校友和捐赠者；政府、科研经费提供者、向学生和大学贷款的银行家、学校规章制度的调节者、学术活动的评审委员会和委员等；普通民众、社区、媒体等。① 罗索夫斯基的研究并非在学前教育领域，也不属于政策研究，但其结论却给我们一定的启示：在教育领域，其利益相关者的相关程度并不相同，并且相关程度越高，就越该被重点考虑。

就学前教育政策而言，虽然其利益相关者众多，但其与政策的相关程度并不一样。由于教育的出发点和归宿都落脚于人的发展，特别是学生的发展上。因此，教育政策必须重点关注学生，这是教育政策的一大特点。在教育政策利益相关者当中，最为核心的群体

---

① 〔美〕亨利·罗索夫斯基. 美国校园文化——学生·教授·管理〔M〕. 谢宗仙，等译. 济南：山东人民出版社，1996：5-7.

是学生。① 在学前教育政策众多的利益相关者中，相关程度最高的应该是学前儿童。学前教育政策必须将重心放在学前儿童的发展，首先需要关照的就是学前儿童的利益，之后再关照其他层次其他利益相关者的利益。因此，根据学前教育政策利益相关者与政策的相关程度，可以将学前教育政策利益相关者分为三个类别，分别是学前教育政策的核心利益相关者（如学前儿童），学前教育政策的重要利益相关者（如幼教机构），以及学前教育政策的一般利益相关者（如第三方评价机构）。如此一来，在思量学前教育政策的根本伦理诉求之时，就需重点考虑学前儿童的伦理诉求。

2. 凸显学前教育政策的育人性特质

在完善学前教育政策内容伦理的过程中，其根本伦理诉求应当凸显学前教育政策内在的育人性特质。因其关注的领域和对象的独特性，学前教育政策具有区别于其他公共政策的基本特性。要明确学前教育政策的根本伦理诉求，就首先要明确这些基本特性。美国学者柯伯思（Fred S. Coombs）曾归纳了教育政策的独特之处：第一，教育政策的制定极为复杂，其领域广阔多变，要真正理解教育政策的本质需要费些力气；第二，公众对教育领域比其他领域更熟悉、更关心，也更愿意参与教育政策的全过程；第三，教育政策比其他政策领域的权力更分散；第四，由于教育过程的多重目标，教育政策的研究更加复杂化，教育政策评估更具困难。② 虽然柯伯思的研究在一定程度上彰显了教育政策的独特性，但似乎过于冗杂，不够简单明了。

---

① 张新平. 教育管理学导论［M］. 上海：上海教育出版社，2006：159.
② ［美］斯图亚特·S. 那格尔. 政策科学百科全书［M］. 林明，等译. 北京：科学文献出版社，1990：442－443.

　　教育政策与其他公共政策的根本区别就在于其立基于教育场域，并为人的生命完善创造条件，以人的发展为直接目的。"教育政策活动是以教育活动及其问题为活动对象的，而教育活动与其他社会活动相区别的根本属性就是教育是培养人的社会活动。"①可以说，由于教育是培养人的活动，教育政策的独特性就在于其培养人的角度得到彰显。教育政策有其独特的宗旨，该宗旨就是"促进人的发展"②。如此一来，似乎可以将教育政策区别于其他公共政策的特殊性质概括为"育人性"。就学前教育政策而言，其是教育政策的基本内容和重要成分，也具有育人性的特质，需要立基于学前教育场域，并为该场域中人的生命完善创造条件，以该场域中人的发展为直接目的。因此，学前教育政策的育人性特质使得学前教育政策的根本伦理诉求需切合学前教育实践的育人品质。

　　学前教育场域目标明确并具有向善特性，学前教育政策的伦理诉求需要与之契合。在学前教育场域中，人是作为目的而非工具存在。因此，学前教育场域中的各项活动都指向于促进幼儿发展与完善这一基本目标。学前教育政策的目标需要与学前教育场域目标契合，为学前教育场域中各项行动的有序展开提供导向，为该场域中根本目标的达成提供保证。"目的是整个法的创造者。"③ 学前教育政策的伦理诉求是政策期望达到的成果，是政策活动的目标和向导。美国学者戴伊（Thomas R. Dye）指出，"教育政策往往会被人们赋

---

① 刘复兴. 教育政策的价值分析 ［M］. 北京：教育科学出版社，2003：43.
② 范国睿. 教育政策的理论与实践 ［M］. 上海：上海教育出版社，2011：14.
③ 〔德〕魏德士. 法理学 ［M］. 丁晓春，译. 北京：法律出版社，2005：234.

予多种需求和发展目标"①。学前教育政策的具体目标并不是单一的，而是多元的，包括进一步提高学前教育的普及率，创造学前教育发展的良好环境，治理和化解学前教育实践中的具体问题等。但这些具体的目标似乎都不是根本目标，因为这些目标的背后还有一个基本的指向，那就是为了学前儿童良好地成长与发展。这意味着在学前教育政策中，无论是提升入园率，还是创造良好的环境，抑或是治理实践问题等，都要着眼于学前儿童良好的成长，都要服务于学前儿童良好的发展。

由于学前教育政策要对教育利益进行处理，以至有人常将分配或调整教育利益看作是学前教育政策的基本目的。教育政策固然要分配教育利益，但是教育政策并不止于分配教育利益，其分配的结果直接指向于人身心的和谐发展。② 由此可见，教育利益调整仅仅是一种手段，而非目的；或者说，教育利益调整仅仅是一般性、阶段性的目的，而非根本性的目的。每项学前教育政策都会对教育利益进行调整，但教育利益调整的背后尚有更为基础的本源。将某种事物或活动的手段当作该事物或活动的目的无异于本末倒置，会给整个活动的导向带来偏差。由于学前教育实践中的各项活动都服务于幼儿的发展，服务于幼儿生命的完善，因此，学前教育政策的目标需要与之契合，学前教育政策的内容伦理需要在此方面有所体现。

同时，学前教育场域是一个因生命在场而鲜活灵动的场域，关注该场域中的生命世界是学前教育政策的应然旨趣，这意味着在学前教育政策过程中需要凸显生命在场的特性。生命在场是教育场域

---

① 〔美〕托马斯·R. 戴伊. 公共政策新论 [M]. 罗清俊，译. 台北：韦伯文化事业出版社，1999：204.

② 刘复兴. 教育政策的价值分析 [M]. 北京：教育科学出版社，2003：43-44.

的基本特征，这使得教育场域充满生命情怀和人文气息。学前教育是一项与生命息息相关的良善事业，从幼儿进入到学前教育这一场域开始，幼儿的生命就理应受到恰当而适宜的照顾和关怀。"教育是直面人的生命、通过人的生命、为了人的生命质量的提高而进行的社会活动，是以人为本的社会中最体现生命关怀的一种事业。"① 在学前教育场域内，幼儿的生命得以不断地展开，生命发展的各种可能性都被重视。

因生命在场的特征，教育场域中教育者与受教育者之间具有主体间性。这意味着在整个的教育活动中，都体现出教育者与受教育者的主体共生共在关系。主体间性决定了教育活动是以对话的形式展开，抛弃了师生任何一方的独白或自说自话。对话彰显了师生的平等地位，将更有利于师生的共同成长。"对话是探索真理与自我认识的途径。"② 师生通过对话认识对方、认识世界、认识自己，生命质量也因此不断提升和完善。生命在场也促使教育场域成为促进受教育者内在生长的场域。在该场域中，生命没有受到强制或催生，没有受到压制或强化，幼儿的生命在各种适宜的发展节奏中逐渐丰富和成长。由此可见，在明确学前教育政策的根本伦理诉求之时，需要充分彰显学前教育场域的这一特性，时刻表达对幼儿生命成长的关切和爱护。

3. 契合学前教育阶段的慈幼性品质

在完善学前教育政策内容伦理的过程中，其根本伦理诉求需契合学前教育阶段特有的慈幼性品质。学前教育政策在促进学前教育

---

① 叶澜. "教育的生命基础"之内涵［J］. 山西教育，2004（6）：1.
② ［德］雅斯贝尔斯. 什么是教育［M］. 邹进，译. 北京：生活·读书·新知三联书店，1991：11.

事业发展的过程中，需要对幼儿给予更多呵护、更多关爱。

学前期的重要价值要求学前阶段具有慈幼性品质。就人的一生而言，人的学前期并不算长，却非常重要，学前期为人的一生发展奠基。学前期的奠基价值已经在一定程度上由儿童心理学、脑科学以及儿童精神哲学等领域的研究所证实。儿童心理学研究表明，人一生发展的多个关键期都在学前阶段。有研究指出，在 3 岁之前，人类身心发展的关键期占 50%，在 7 岁之前，人类身心发展的关键期占 70%，而这些关键期的发展状况会直接影响人整个一生的质量。[①] 同时，脑科学的相关研究研究表明，学前阶段是脑发展最快的阶段，一方面，脑的重量和体积快速增长。新生儿的脑重接近 400 克，约为成人脑重（约 1400 克）的 1/4，三岁幼儿的脑重约 1000 克，约为成人脑重的 70%，七岁儿童的脑重约 1280 克，已占成人脑重的 90% 以上，十分接近成人的脑重了。另一方面，大脑皮层结构发展迅速，并日欲复杂。幼儿的神经纤维持续增长，额叶表面积的增长率在 2 岁左右达到高峰，在 5—7 岁时又明显加快。[②] 同时，儿童在学前阶段就已经开始思考和追问生命、生活、世界等哲学问题，对智慧的追求和热爱是幼儿的本性，并对后续的发展有持续的影响。"任何早期的哲学性质的冲动往往会影响人的一生：一生的世界观和人生道路的选择。"[③] 中国早有"三岁看大、七岁看老"的古训，其实是对学前期奠基作用的形象化概括。国外也十分重视学前期的奠基作用，蒙台梭利（Maria Montessori）就明确指出，人类智慧在学前阶段就开始形成，人的一生中最重要的阶段是 0 到 6 岁这一阶段，

---

① 殷红博. 大脑发展关键期与幼儿教育［N］. 光明日报，2012 - 04 - 18.
② 林崇德. 发展心理学［M］. 北京：人民教育出版社，1995：197.
③ 刘晓东. 儿童精神哲学［M］. 南京：南京师范大学出版社，1999：93.

而非大学等其他阶段。① 蒙台梭利这一思想在世界范围内的学前教育实践中得到了人们的广泛认同。

同时，人在学前期的孱弱特点也要求学前阶段具有慈幼性品质。一方面，学前期的儿童生存自理能力非常缺乏，需要成人较长时间的细心照料与呵护。如幼儿动作的发育，通常2—3个月才会抬头，6—7个月才能坐，1岁左右才能蹒跚学步，约1岁半开始跑步但不平稳，约2岁以后才能较平稳跑步，2岁左右才能双脚跳跃并同时离开地面。这些与其他哺乳动物相比相去甚远。如马、牛、羊等，它们在出生之后就能站立，不久就能跑步。新生儿脑重的绝对值虽然很高，接近400克，但相对值却偏低，其脑重量通常约占成年后重量的25%，而就其他灵长类动物而言，其刚出生个体的脑重量通常约占成年后重量的40%—50%。可以说，生物界鲜有其他物种像人类那样，在婴儿阶段显得如此无助。② 另一方面，学前期也是人一生中最易受到伤害的时期。在这一时期，幼儿免疫能力低下。幼儿的免疫屏障如皮肤等的保护功能较差，身体调节能力也不足，同时幼儿非特异性免疫功能也不够完善，因此幼儿较容易受到细菌、病毒等的感染，并且容易患传染病。由于幼儿普遍缺乏特异性免疫力，因此是传染病的易感者。③ 为此，幼儿通常需要通过生物制品进行计划免疫，以提高幼儿的免疫力水平。幼儿脏腑也很娇嫩，功能尚不完全，这在中医儿科中有明确认识。被誉为"儿科之圣"的宋代

---

① 〔意〕玛利亚·蒙台梭利. 有吸收力的心灵［M］. 高潮，等译. 北京：中国发展出版社，2011：18.

② 王德林，王春丽，王艳芝. 脑科学的新进展带给学前教育的启示［J］. 学前教育研究，2003（2）：7–10.

③ 万钫. 学前卫生学［M］. 北京：北京师范大学出版社，2004：22.

著名医家钱乙在《小儿药证直诀》就明确指出小儿"脏腑柔弱，易虚易实，易寒易热"。钱乙对小儿的认识在现实经验中不断被确证，同时也在现代医学中证实。

由于学前期的独特性，学前儿童往往需要更多的关怀和呵护，需要家庭、幼儿园和社会更具慈爱之心。其实，慈幼护幼一直是我国的优良传统。"慈幼"一词首见于《周礼》。《周礼地官大司徒》曰："以保息六养万民：一曰慈幼；二曰养老；三曰振穷；四曰恤贫；五曰宽疾；六曰安富。"汉代郑玄注："慈幼，谓爱幼少也。"在生活中，只有给予幼儿恰当的慈爱，才能保证他们健康成长。教育也是一种生活。在学前阶段，教育是促进幼儿良好发展的重要方式，是保障幼儿健康成长的基本手段，也是幼儿生活的重要组成部分，学前教育的重要性也就不言而喻。学前教育政策要为学前教育事业的良好发展和学前儿童的健康成长提供条件和保障，就必须更具伦理关怀，从而让学前儿童度过真正有意义的童年。由此可见，由于学前阶段特有的慈幼性品质，学前教育政策的根本伦理诉求需要关照和契合这一品质。

三、学前教育政策内容伦理的美好生活取向

由于学前教育政策通过增进、调整和分配利益在学前教育领域导向一种可能生活，学前教育政策的根本伦理诉求需要重点考虑其核心利益相关者的伦理诉求，需要直接切合学前教育这一生命在场的场域，凸显对幼儿生命世界的关怀，契合学前阶段的慈幼性品质；因此，学前教育政策的内容伦理理应具有美好生活取向，并以奠基幼儿美好生活为学前教育政策的根本伦理诉求。

（一）美好生活的特质

学前教育政策要在学前教育领域将幼儿导向一种可能生活，这一可能生活必须具有正向积极的伦理价值。因此，学前教育政策在生活导向中需要明确这一可能生活的基本内涵和大致样貌，从而为学前教育实践提供参照和指引。

生活是人的存在状态和形式。美国学者杜威（John Dewey）认为，"生活就是发展；不断发展，不断生长，就是生活。"① 陶行知认为，"有生命的东西，在一个环境里生生不已的就是生活。"② 这样的认识无疑突显了生活的动态性和鲜活性，强调生活不是一成不变或"死水一潭"，而是处于动态变化之中，每天的生活都有差异，给人以未知的新鲜感。然而，生活的动态性和鲜活性并不关乎生活的好与坏。

陶行知曾用"Life education means an education of life, by life and for life"阐释生活教育的含义③。在这句话中，三个"life"的含义不尽相同。第一个"life"表明教育的性质，即教育是生活的，脱离了生活的教育不是真正的教育。第二个"life"表明教育的方式，即教育是在生活中通过生活开展的，通过不同的生活，人将受到不同的教育。第三个"life"表明教育的目的，即教育是为了前进的、更好的生活。"在一个社会里，有的人是过着前进的生活，有的人是过着落后的生活。我们要用前进的生活来引导落后的生活，要大家一

---

① 〔美〕约翰·杜威. 民主主义与教育［M］. 王承绪，译. 北京：人民教育出版社，2001：58.
② 胡晓风. 陶行知教育文集［M］. 成都：四川教育出版社，2005：301.
③ 胡晓风. 陶行知教育文集［M］. 成都：四川教育出版社，2005：592.

起来过前进的生活，受前进的教育。"① 在陶行知看来，我们就是要拿好的生活来改造坏的生活，拿前进的生活来引导落后的生活。可以说，人们要过上自然、正当的生活，需要有好的价值引领，我们似可将这样的价值视为关乎"美好"的价值。

美好生活是理想的生活，成为人的追求的生活。"当生命成为美好生活的工具时，它将是有用的。"② 人并非为生活而生活，而是为美好生活而生活。美好生活是生活的目的，人的整个生命都应追求这样的生活。恰如德国哲学家恩斯特·布洛赫（Ernst Bloch）指出的那样，人们无时不在丰富多彩地梦想更美好的、可能的生活。③人们对美好生活的追寻由来已久。

由于"美好生活"是人们生活中使用频率较高的词汇，以至于不少人认为"美好生活"只是一个日常用语，而非学术概念。其实，这是一种误解。生活中有太多的词汇既可能是一个日常用语，又可能是一个学术概念，只是它们在不同层面上使用而已。就"美好生活"而言，当人们提及它是基于主观感受，直接源于自己或他人具体的生活处境，没有清晰的内涵，没有揭示出其属性，外延没有包括所有人或所有类型的美好生活时，那么它是一个日常用语。而当提及"美好生活"时是基于理性的概括，把握了美好生活的内部要素及其联系，揭示美好生活的属性，且其外延明确时，它就是一个学术概念。

---

① 胡晓风. 陶行知教育文集［M］. 成都：四川教育出版社，2005：551.
② 〔英〕伯特兰·罗素. 教育与美好生活［M］. 杨汉麟，译. 石家庄：河北人民出版社，1999：11.
③ 〔德〕恩斯特·布洛赫. 希望的原理：第一卷［M］. 梦海，译. 上海：上海译文出版社，2012：1.

已有研究对美好生活的内涵大致有三种认识：

一是"理想"说。不少研究认为美好生活是一种理想生活。有研究认为，"美好生活是基于现实生活而建构的生活，是人们自觉自愿选择并乐于为之付出努力，符合社会道德发展需求的一种理想状态的生活。"① 有研究认为，美好生活是一种令人满意的生活状态与生活秩序，其本身是基于"美好"的理念创造出来的，具有无限的可能性。② 有研究认为，美好生活就是一种理想生活，并"意味着整体上令人满意的一种生活状态和生活方式。"③ 有研究认为，相对于每个个体而言，美好生活就是"自然好"或"自然正确"的生活。这样的生活可能在现实中并不存在，但却在现实中可以对其体验感受，而现实生活需要向着这一理想生活。④ 可以说，这些研究大致都认为美好生活是一种现实生活之上的理想生活，是值得去追求的生活。

二是"德性"说。一些研究突出美好生活的德性或德行维度，认为美好生活是具有德性或实践德性的生活。有研究认为，"美好生活说到底就是追寻德性的实践生活本身。"⑤ 有研究认为，美好生活是在反思传统生活不足的基础上提出来的，是不同于传统生活的全新生活方式，在这一生活方式中，充满了平衡、和谐、爱等内容。⑥

---

① 黎琼峰. 教学价值与美好生活［M］. 北京：人民教育出版社，2012：118.
② 杨进. 论美好生活与学校教育［D］. 长春：东北师范大学，2009.
③ 谢金丽. 论教育与人的美好生活［D］. 河南大学，2006.
④ 金生鈜. 教育哲学怎样关涉美好生活？［J］. 华东师范大学学报（教育科学版），2002（2）：17－21.
⑤ 邵广侠. 道德教育要引导人过上美好生活［J］. 云南社会科学，2005（3）：28－31.
⑥ 杨伟祖. 美好生活方式还原生命本来［J］. 人与自然，2012（9）：9－11.

有研究认为，"美好生活是人性的完美化。它是与自然一致的生活。人们因此可以将制约美好生活一般特征的准则称作'自然法'。这种遵循自然的生活是人类卓越或美德的生活，是一个'高等人'的生活，而不是为快乐而快乐的生活。"①

三是"幸福"说。部分研究将"幸福"与"美好"等同，或将"幸福生活"与"美好生活"等同。有研究指出，"幸福生活与美好生活是一致的。"② 加拿大学者克里夫·贝克（Clive Beck）指出，人们都希望的生活就是美好生活，也可将这样的生活称作幸福人生。③ 英国学者罗素（Bertrand Russell）对教育有系统而深入的思考，其著作《教育与美好生活》（Education and the Good Life）就是这一系统思考的结果。在罗素看来，美好生活就是幸福，是教育的目的，由于儿童早期教育的重要价值，因此确保儿童期的幸福非常必要。"为了培养最优秀的人才，确保儿童期的幸福乃是不可或缺的。"④

已有界定似乎呈现出以下取向，一是对美好生活的界定具体内涵尚不够明确。不少研究认为美好生活在不同阶段不一致，将"美好生活"看作是一个历史与个人范畴，认为每个人对美好生活的界定有所不同，美好生活的面貌也就各不一样。由于不同的个体对美好的理解不一样，他们对自己美好生活的设想也就不尽相同，在面

---

① STRAUSS L. Natural Right and History ［M］. Chicago：University of Chicago Press，1953：109

② 黎琼峰. 教学价值与美好生活 ［M］. 北京：人民教育出版社，2012：123.

③ 〔加〕克里夫·贝克. 学会过美好生活——人的价值世界 ［M］. 杨詹万生，等译. 北京：中央编译出版社，1997 年版，导论第 5.

④ 〔英〕伯兰特·罗素. 教育与美好生活 ［M］. 杨汉麟，译. 石家庄：河北人民出版社，1999：23.

对不同的美好生活时，需要尊重每一个人对美好生活的想象。① 当然，就美好生活的具体表现看，每个人认定的美好生活样貌确有差异，但这并不妨碍美好生活具有确定的质的规定性。二是将"幸福"与"美好"基本等同。其实，"幸福"与"美好"既有联系又有区别。特别是认清二者的区别，有利于明确"美好"和"美好生活"的内涵。

或许由于人们对美好生活的想象与期望存在偏差，所以对美好生活的界定也就十分多元，笔者无意整合这些界定，拟从词源角度考察美好的含义，提出对美好生活的界定。何谓美？《说文》曰："美，甘也。从羊从大。羊在六畜主给膳也。美与善同意。"清代段玉裁注："甘者，五味之一。而五味之美皆曰甘。引申之凡好皆谓之美。"何谓好？《说文》曰："好，美也。从女子。"徐锴曰："子者，男子之美称。"段玉裁注："好本谓女子。引申为凡美之称。"因此，美、好、善同义。

国外也有论者将美与善等同起来。柏拉图（Plato）在《会饮》一文中告诉我们，有什么让人值得过的生活的话，就是望见美本身的这境地。② 在柏拉图看来，美的生活必然经历和体验美好事物，而美好事物是那些能使我们天性中兽性部分受制于人性部分的事物，经历和体验美好事物生活是正义向善的生活。施特劳斯在对柏拉图作品进行系统梳理与解读中指出，"美本身就是善。"③ 因此，美好

① 杨进，柳海民. 论美好生活与学校教育［J］. 教育研究，2012（11）：11－15.
② 〔古希腊〕柏拉图. 柏拉图的《会饮》［M］. 刘小枫，等译. 北京：华夏出版社，2003：23.
③ 〔美〕列奥·施特劳斯. 论柏拉图的《会饮》［M］. 邱立波，译. 北京：华夏出版社，2012：323.

不同于幸福，幸福在伦理意义上可以具有两面性，幸福可能是好的，也可能是坏的；可能是善的，也可能是恶的。当为幸福注入善的价值，幸福就可以等同于美好，成为最高的伦理原则。在亚里士多德那里，幸福就是如此，被赋予善的特质。而在英国哲学家霍布斯（Hobbes）看来，持续地胜过任何他人，即是幸福。① 这样的幸福很难分清是好的还是坏的，抑或是中性的。美好在伦理意义上却是积极的、正向的。恰如有论者指出的那样，幸福还不是最高的伦理原则，美好才是。② 在此意义上，美好生活必须具有善的特质。

（二）学前教育为幼儿美好生活奠基

教育与生活息息相关，教育本身就是一种生活。学前教育的特性决定了其应为幼儿的美好生活奠基。"教育在本质上是建设性的，关于什么东西组成一个良好的生活，要求某些积极的概念。"③ 美好生活无疑在这些积极概念中占重要位置。教育就应该指向人的美好生活，美好生活是教育的目的或永恒追求，而教育在此意义上可视为实现美好生活的途径。美好生活对每个人而言都是值得过的生活，是值得追求的生活。教育就应当贡献于这种值得追求的美好生活，如果教育没有做到，那么教育就不是真正以人为目的。④ 人不是工具化的存在，而是目的化的存在，人本身就是目的，人类社会所有

---

① 〔美〕列奥·施特劳斯. 霍布斯的政治哲学 ［M］. 申彤，译. 上海：译林出版社，2012：22.

② 刘小枫. 沉重的肉身 ［M］. 北京：华夏出版社，2007：79.

③ 〔英〕罗素. 罗素道德哲学 ［M］. 李国山，译. 北京：九州出版社，2004：110.

④ 金生鈜. 教育哲学怎样关涉美好生活？ ［J］. 华东师范大学学报（教育科学版），2002（2）：17–21.

的实践活动都应指向人的发展、人的完善。而教育作为培养人的活动，更应彰显人的主体性、人的意义性、人的创造性和人的目的性。如此，人方能去追求与实现美好生活。对教育而言，其要关涉美好生活并非因为其已经明确什么是美好生活，而是在于美好生活是人存在的所有秘密。① 由此可见，教育与美好生活的这种关涉不是一种简单的相关，也不是一种似有似无的关联，而是直接关乎教育的最终目的和根本追求。

学前教育是教育的重要组成部分，是国民教育的基础，理应为人一生的美好生活奠基。需要指出的是，为人一生的美好生活奠基不是为儿童一生的美好生活做准备。基础是事物发展的根本，为事物后续发展提供支撑，这说明学前阶段的重要价值。因此，学前教育为儿童一生的美好生活奠基包括两层含义：一是学前教育要让儿童在学前阶段过上美好生活；二是学前阶段的美好生活将为后续的美好生活提供支撑。

对幼儿而言，什么样的生活是美好生活已成为全世界关注的热点话题。在世界学前教育组织（OMEP）2012 年工作会议和学术研讨会上，世界各国的专家都在思考和探索什么是"好生活"。"大家似乎对什么是理想的生活方式的讨论更有兴趣，即很想了解儿童、教师或家长对大家理想中的好生活的理解。"② 虽然人们对美好生活的理解可能存在差异，但美好生活在学前教育中的重要价值不可忽

---

① 傅松涛，刘树船. 教育生活简论［J］. 河北大学学报（哲学社会科学版），2004（5）：1－5.
② 周欣. 21 世纪的早期儿童：儿童生活、游戏、探究和学习周围世界的权利——世界学前教育组织（OMEP）2012 年工作会议和学术研讨会综述［J］. 幼儿教育，2012（34）：24－25.

视。可以说，美好生活应当成为学前教育的目的，而学前教育应该成为学前阶段美好生活的途径。对学前教育而言，其教育过程是幼儿美好的生活过程，"教育应该成为促进幼儿美好生活的积极手段"。① 由此可见，在此意义上，学前教育机构不是要顺应一般的社会生活，而是要求把幼儿园办成既反映社会生活又高于社会生活的美好生活。"学校要在这一过程中起引导作用，用美好的、前进的生活培养人，激发个体的德行，推动和影响现实生活。"② 如此，方能让幼儿在学前教育过程中由现实的生活过渡到可能的美好生活。

学前教育既要关注儿童当前的美好生活，又要为儿童一生的美好生活奠基。生活是人的存在形式，成人与儿童因其本身的差异带来生活的差异。可以说，成人有成人的生活，儿童有儿童的生活。陶行知指出，"我们主张生活即教育，要是儿童的生活才是儿童的教育，要从成人的残酷里把儿童解放出来。"③ 因此，儿童的教育需要符合儿童的生活。在学前教育实践中，人们常常着眼于幼儿将来的生活，并将其作为现实行动的依据。这其实是对"基础"的误读。

何谓"基础"？人们通常将其理解为事物发展的起点或初始阶段，并为后续发展做准备。由于事物发展的初始阶段往往小而微，人们对其本身具有的独特价值常不予重视，而只在乎其为后续发展做准备的价值。如此一来，人们理所当然将学前教育看成为后续教育做准备，特别是为与之最为接近的小学教育做准备的阶段。于是，小学教育需要什么样的人，学前教育就应该培养什么样的人，这或

---

① 虞永平. 为了生活 了解生活 利用生活——兼谈〈幼儿园教育指导纲要（试行）〉中的生活理念 [J]. 早期教育，2001（11）：4-5.
② 卢乐珍. 让道德启蒙融入幼儿生活 [J]. 学前教育研究，2004（9）：9-11.
③ 胡晓风. 陶行知教育文集 [M]. 成都：四川教育出版社，2005：305.

许是学前教育小学化最直接的原因。其实，这一理解只是"基础"
的表层含义或外在表现，其深层含义或内核是事物发展的根本，是
事物发展最重要的阶段。这意味着"基础"不仅仅为后续发展做准
备，更为后续发展提供支撑。"基础"表达一种"支撑"的状态，
即基础部分支撑着其余部分，并对其余部分进行"力的给予"或
"意义的给予"，一旦"给予"关系不存在，"基础"也就不再是基
础。① 由此观之，基础部分的意义不仅不由其余部分给定，反而给
予了其余部分一定的意义。事物在基础阶段发展得好，后续的发展
才会顺畅而自然。将学前教育看作国民教育的基础，在形式上是为
后续教育做准备，实质上表明学前教育是人一生中十分重要的教育
形式和阶段，是后续教育顺利开展的前提和保障，幼儿在这一阶段
的发展充分和自然，后续发展才会适恰和流畅。

　　有关学前教育质量的追踪研究已表明学前教育对后续教育的
"支撑"意义。在这些研究中，较为著名的是美国佩里学前项目研究
和英国有效学前教育项目。佩里学前项目研究表明：接受了一至两
年优质幼儿教育的孩子在学业成就、就业率和经济收入等方面都比
较高，而犯罪率又比较低。此项研究通过成本效益分析得出令人不
得不重视的结果：当这些孩子 27 岁时，其回报是投入的 7.16 倍。②
此外，目前为止欧洲最大规模的考察幼儿园对儿童发展影响的研
究——英国有效学前教育项目，通过对数千名儿童进行追踪研究发

---

① 雷云. 教育知识基础观探新［J］. 东北师大学报（哲学社会科学版），2012
（4）：205 - 209.
② SCHWEINHART J. L. The High/Scope Perry Preschool Study Through Age 40：Sum-
mary, Conclusion, and Frequently Asked Questions［M］. Ypsilanti MI：High/Scope
Press, 2005：3

现，"优质的幼儿园可以减小小学的消极影响，较差的幼儿园可以削弱小学的积极影响。"① 这些研究成果在突显优质学前教育对人发展具有奠基作用的同时，也表明尊重学前儿童身心发展的规律和学习特点的教育才能真正让孩子获得积极的影响。因此，幼儿将来的生活固然重要，但却需要以当下的生活为基础。

在学前教育实践中，无论课程的设置还是环境的创造，玩具的投放，等等，都应首先立足幼儿当下的生活。陈鹤琴先生曾指出，"课程的目的最重要的是帮助儿童目前的生活，至于将来生活的帮助还在其次。"② 因此，当我们说学前教育为幼儿美好生活奠基时，首先意指学前教育要成为幼儿当前的美好生活，其次意指为后续的美好生活提供条件。

（三）学前教育政策与美好生活

学前教育政策制定是一种政治行动，这样的政治行动需要合理的价值进行引导。政治的本质是选择，它涉及对一套而非另一套价值的谨慎偏好。③ 政策是政治的表现，政策也面对着对价值的判断与选择。对不同伦理价值的偏好，决定着政策的内在品质。因此，究竟选择何种伦理作为政策的根本诉求，成为政策行动之初必须严肃对待的问题。柏拉图认为，"我们整个政治制度的建设，都是对一

---

① 凯西·西尔瓦，爱德华·梅尔休伊什等. 学前教育的价值［M］. 余珍有，等译. 北京：教育科学出版社，2011：158.
② 陈秀云，陈一飞. 陈鹤琴文集［M］. 南京：江苏教育出版社，2007：36.
③ 〔美〕莱斯利·里普森. 政治学的重大问题［M］. 刘晓，译. 北京：华夏出版社，2001：18.

种最美、最好的生活的模仿"①。由此看来，美好生活为政治制定建设提供依据。施特劳斯认为，人类所有的政治行动本身都有一个共同的指向，那就是善，就是美好生活。② 学前教育政策过程的基本特点是价值选择与价值实践。

学前教育政策是对学前儿童应该如何生活、应该过上何种生活的抉择。在抉择的过程中，只有符合儿童特点的好生活，才可能被认可、被追求。在学前教育领域，政策必然要憧憬幼儿的美好生活，并以之作为根本的诉求。整个政策过程就是追求美好生活的过程。每一次的学前教育政策行动，使我们离目标更近一步。因此，在学前教育政策的伦理价值抉择过程中，美好生活应成为众多价值中的首要价值。

学前教育政策是对学前儿童理想生活的规划，这种理想生活就是美好生活。规划承载着对理想的渴望，因而具有前瞻性。学前教育政策虽要关照当下的实践，但也必须关注理想的生活，将现实生活导向理想生活。仅考虑当下而不顾及的理想生活的学前教育政策，会使政策行动失去内在的动力，从而只能诉诸外在的强制手段加以推行。强制手段虽然也在一定程度上使政策得以推行，但这毕竟不是长久之策，其必然招致反对而不可长保。英国哲学家罗素（Russell）曾指出，人类要进行事业创造，其依据的原理是希望而非恐惧，那些基于恐惧的制度是不能促进人的生活的。③ 基于学前教育

① 〔古希腊〕柏拉图. 法律篇 [M]. 张智仁，译. 上海：上海人民出版社，2001：213.

② 〔美〕施特劳斯. 什么是政治哲学 [M]. 李世祥，译. 北京：华夏出版社，2011：2.

③ 〔英〕罗素. 罗素道德哲学 [M]. 李国山，等译. 北京：九州出版社，2004：135－136.

与美好生活的关系，对政策而言，美好生活无疑是学前教育政策值得追求的理想，是预先设计的图纸。要使学前教育真正成为促进幼儿美好生活的积极手段而非消极手段，需要学前教育政策对学前教育实践进行引导，让实践者明确方向；同时还需要学前教育政策对学前教育实践进行监督，防止学前教育中出现超前教育、强化训练等现象，使学前教育既关注幼儿当前的现实生活，又着眼幼儿的美好生活，并在学前教育过程中促进现实生活不断向美好生活迈进。

《国家中长期教育改革和发展规划纲要（2010—2020年）》指出："教育是民族振兴、社会进步的基石，是提高国民素质、促进人的全面发展的根本途径，寄托着亿万家庭对美好生活的期盼。"① 学前教育政策需要承载人们对学前教育阶段美好生活的期盼。因此，学前教育政策的一系列行动只不过是按美好生活这一预定计划进行。学前教育政策的最终追求不是公平最大化，而是让所有的幼儿都能平等地接受教育；不是效率的最大化，而是以最少的学前教育投入换来最大的收益。学前教育政策必然要关注和引导幼儿过上一种理想的生活，即美好生活，公平、效率和公益普惠等都是实现这一生活的手段。如果说教育善是教育政策的终极价值，学前教育政策的根本伦理诉求也是一种教育善，那么我们可以将学前教育政策的根本伦理诉求具体化为幼儿的美好生活；或者说，奠基幼儿美好生活是学前教育政策的根本伦理诉求。

---

① 国家中长期教育改革和发展规划纲要（2010—2020年）[EB/OL].中华人民共和国教育部官网，2010－07－209.

四、幼儿美好生活的可能面貌

探明以奠基幼儿美好生活作为学前教育政策的根本伦理诉求并不一定意味着政策行动不会出现偏差，因为我们对幼儿美好生活的面貌尚不完全明了，而仅仅知道它是一种善的生活。因此，要使学前教育政策导向幼儿的美好生活，我们需要勾勒幼儿美好生活的面貌，从而为学前教育实践提供参照和指引。

（一）幼儿美好生活的本己时间视野

在学前教育中，人们常常有意无意地从自己的角度出发建构幼儿的美好生活，或者以自己向往的美好生活代替幼儿应有的美好生活。恰如英国学者詹姆斯（Allison James）指出的那样，儿童的需求都是成人建构出来的、是想当然的，这并非儿童自身的诉求。①以成人的美好生活代替幼儿的美好生活无疑忽视了成人与幼儿的差异，是成人生活对儿童生活的"入侵"，将致使幼儿童年的消失，对幼儿发展带来不可估量的负面影响。

如在英国，曾要求所有的幼儿园按照政府设定的幼儿基础阶段（EYFS）的读写、算术和问题解决等 60 多项学习目标对儿童进行教育，但在这些目标中，有部分目标并不是源自孩子的真正需求，从而招致专家和家长的批评。有专家指出，这些教育政策实际上是一

---

①　Allison James, Alan Prout. Constructing and Reconstructing Childhood: Contemporary Issues in the Sociological Study of Childhood [M] . London: The Falmer Press. 1990: 8.

系列压制性的要求，毁了学生的童年时代。① 这是一种典型的以成人认为的美好生活替代幼儿应有的美好生活的案例。杜威曾明确指出：为了成人生活的造诣，而不管儿童的能力与需要，是一种自杀的政策。② 由此可见，以成人需求替代儿童需求将产生严重后果。因此，要明确幼儿美好生活的内涵，需要基于幼儿的视角进行探析。

1. 幼儿生命过程的时间绵延

要使美好生活是基于幼儿的视角，似乎可以透过时间的理论与视野加以思考。在时间的视野中，幼儿的生命过程也表现为时间的绵延过程，从幼儿的诞生、发育、成长、发展，一直到生命的终结，都不在时间之外，而是在时间之中，表现出自己独特的节奏和规律、特定的方式和轨迹。

时间具有社会建构性，是社会生活的基本要素，在一定程度上维持和限定着人们的生活。幼儿存在于社会之中，其虽年幼，但也是一种特殊的社会关系的总和。时间既在一定程度上规范着幼儿的活动，又在一定程度上改变着幼儿的生活。"在实践中，不管行动具有怎样的特殊性，时间都得以保持、转变或利用。"③ 时间就这样将幼儿联系起来，成为幼儿生活的基本成分。以成人的需求、成人的生活代替儿童的需求和儿童的生活，是成人时间对儿童时间的替换，是以儿童生命中尚未到来的时间替代儿童生命的当下时间。因此，要明确幼儿美好生活的面貌，需要体现幼儿生命在场的特质，从而

---

① 鄢晓宇．英国：教育政策毁了学生的童年［J］．比较教育研究，2009（8）：93.
② 〔美〕约翰·杜威．明日之学校［G］．赵祥麟．杜威教育论著选．上海：华东师范大学出版社，1981：134.
③ 〔英〕芭芭拉·亚当．时间与社会理论［M］．金梦兰，译．北京：北京师范大学出版社，2009：55.

可以基于幼儿"本己时间"① 的视角进行探讨。

2. 本己时间彰显幼儿的内在秩序

幼儿的本己时间是幼儿属己的生命绵延过程，是幼儿整个生命过程的内在秩序，是幼儿生命发展的自然节奏。幼儿在发展过程中因其本己时间而处于在场状态，从而显示自己的真正存在与价值。对幼儿本己时间的忽视或遗忘将会给幼儿带来过多限制，妨碍幼儿生命的内在发展与完善。幼儿的本己时间是幼儿属己的生命绵延过程。自幼儿诞生之始，其生命便天然地与时间融合在一起，生命与时间的交织赋予了幼儿各自的本己时间。于是，生命在时间中流淌，时间在生命中显现，时间流变和生命发展就此合二为一。

在幼儿生命展开的过程中，无限的客观时间内化为有限的本己时间，本己时间的长度体现为幼儿生命的长度。幼儿本己时间的流变就是幼儿的内在生长。内在生长表明幼儿的发展不是强加的，而是内发的。本己时间连绵相继的特性意味着幼儿的生命有持续不断的发展能力，因此幼儿只会不断生长，而不会完成生长或停止生长。本己时间的绵延过程既是幼儿的潜力变为现实的过程，也是幼儿本真的生活历程。幼儿在本己时间中显示自己的存在，本己时间具有唯一性，表现出属己的特点，不同个体的本己时间有着明显的差异，从而成就了每个生命独特的发展节奏。

幼儿的生命进程是在特定秩序下展开的，这一秩序是内在秩序与外在秩序的统一。从时间的角度看，幼儿的本己时间是幼儿生命

---

① 笔者用"本己时间"这一概念，意在凸显儿童在生活中属己的生命在场状态，强调幼儿生命发展有内在的秩序与节奏。要明确幼儿的美好生活，似乎需要基于这样的状态、秩序与节奏。当然，这样的表述是否恰当或准确，可进一步探讨。

的内在秩序。时间在绵延过程中表现为一种特定的秩序，一切的事物都有其特定的时间限定，都能在时间之流中找到自己的位置。从这个意义上说，时间是万物的"尺度"，万物的运行只能遵循时间，不能超越时间，也不能脱离时间。恰如美国学者穆尔（Moore，W. E.）指出的那样，没有时间秩序就没有任何其他秩序①。在时间与幼儿生命交织之时，时间的这一特性转移至幼儿的本己时间，幼儿的本己时间成为幼儿生命的内在秩序，成为生命展开的内在依据，主动地将幼儿从无带到有，将幼儿生命的已有过去带到当下，并奔向未来，一直到生命的终点。一方面，本己时间规定了幼儿生命发展的进程，如幼儿何时可以行走、何时可以言语、何时能够判断、何时精力充沛、何时睡意蒙胧等；另一方面，本己时间规定了幼儿生命活动的特性，如幼儿或急躁或沉静，或矫捷或迟缓，或胆大或胆怯等。

总之，幼儿凡此种种生命的进程与特性是在幼儿本己时间的特定时段里展开的，如若不按幼儿本己时间的内在秩序开展活动，将破坏幼儿生命发展的节奏，从而对幼儿的成长造成伤害。当然，幼儿的本己时间具有相对可塑性，会因外在条件的影响在一定范围和程度上适当调整，但不能随意改变或超越。

3. 本己时间凸显幼儿的属己特性

本己时间凸显幼儿的当前状态和属己特性，幼儿因本己时间而处于在场状态。"存在通过时间被规定为在场状态。"② 对于世间事物而言，在场是某物自己在场，规定这一在场的时间是属己的时间，

---

① Moore, W. E. Man, Time and Society [M]. New York: John Wiley, 1963: 8.
② 〔德〕海德格尔. 时间与存在 [G]. 孙周兴. 海德格尔选集（上）. 上海：上海三联书店，1996: 662 - 663.

即本己时间。本己时间是幼儿生命的内在秩序，从而显现出幼儿及其发展的本性，幼儿的生命发展在属己的节奏中展开，幼儿因此真正处于在场状态。幼儿的在场就意味着幼儿的发展不再被掩盖，从而处于敞开状态，处于解蔽之中，幼儿真正成为自己的主人，其发展的主体性与主动性得以彰显，幼儿也能被恰当感知与理解。

幼儿的在场凸显了幼儿发展进程的当前状态。在幼儿成长过程中，人们习惯用未来指引现在，常把现在当作未来的准备阶段，从而削弱了当前的价值。其实，就过去、现在和未来而言，过去已经消失，未来尚未到场，真正在场的只有现在。"一切过去都被将来驱除，一切将来又随过去而过去，而一切过去和将来却出自永远的现在。"① 过去只在回忆当中，未来只在期望当中，真正被感觉到的只有当前。幼儿本己的时间是属于幼儿自己生命的自然时间，这一时间承载着幼儿生命的当前状态，彰显着幼儿的出场与在场。如果不顾及幼儿的当下时间或当前状态，幼儿的存在从属己的角度看便没有意义。强调幼儿的本己时间，就是要突出幼儿的现在，并将目光聚焦于当下，立足幼儿生命的当前状态，找到幼儿生活的当前需求，化解幼儿生长的当前矛盾。

（二）幼儿本己时间对外在时间的超越

幼儿的本己时间是幼儿发展的内因，理应放在主要位置；幼儿生命的外在时间是幼儿发展的外因，理应放到次要位置。如此一来，幼儿的美好生活才是真正属于自己的美好生活。然而在现实生活中，

---

① 〔古罗马〕奥古斯丁. 忏悔录 ［M］. 周士良，译. 北京：商务印书馆，1963：240.

人们往往过于倚重外在时间，致使外在时间有"反客为主"之嫌，而幼儿的本己时间则因此被轻视或遗忘。外在时间本质上忽视幼儿生命与时间的自然融合，其节律与生命的节律并不合拍，二者有各自的规定性。幼儿的发展如果完全被外在时间支配，将对幼儿产生过多限制与约束。此时，幼儿不再处于"时间之中"，与时间内在地交织在一起；而是位于"时间对立面"，与时间有主客之别，这是一种以成人需求代替幼儿需求的表现。

1. 测度时间的规训

外在时间通常有两种表现形式：测度时间和后继时间。测度时间是人类社会特有的产物。人们为了更好地计划自己的生活，提升对不同时段的利用率，便利用特定的计时工具将时间划分为更小的单位，时间由此变成一种测量的刻度。现代社会，人们可以利用特定的机械将时间精确地划分为每分每秒，甚至每一毫秒，测度时间因此也被视为机械时间，其最佳载体无疑是时钟，它给人们最大的控制感与支配感。由于测度时间的量化性与精确性，人们开始以此为标准开展生活，不同的组织或机构会依据测度时间制定各自的作息制度，测度时间也因此由人们生活的辅助之物变成生活的一般规范。

幼儿园亦是如此，幼儿在园的一日生活需按照该园的作息时间表、课程表等进行，幼儿上课、活动、进餐、休息、放学等事件都有特定的机械时间规定，于是出现了不少因过于倚重机械时间而对幼儿造成规训的现象。如幼儿正神采奕奕地摆弄玩具，但时间到了不得不被迫中断；幼儿正在户外玩着游戏，但不得不按时回到室内；幼儿正小心翼翼地吃着饭菜，但不得不在老师的催促下加快用餐节奏而狼吞虎咽。机械时间是外在于生命的时间，它仅是生命活动的外在条件，而非生命活动的内在依据或主要依据。

过于倚重机械时间将对幼儿的成长产生负面影响。恰如美国学者芒福德（Lewis Mumford）所言，"就人的机体而言，机械时间更显得是一个外部的事件：人类生活有其自己的特殊规律，脉搏、呼吸都与人的情绪和人的活动有关，每小时都在变化"①。机械时间与幼儿的生命节律分离，让幼儿依据这样的"外部事件"行事，看似是幼儿适应了社会生活，符合了成人的期望；实则加深了对幼儿内在生长的背叛，违背了幼儿的天性和发展节奏，让幼儿处于过多的限制和过大的压力中。让儿童克制天性以赢得成人的赞许，要求儿童进行大量努力来抑制和控制自己的行为，对幼儿来说就是真正的压力，就是一个普遍的危险。② 儿童越小，越应让其在宽松的氛围中成长，在发展适宜性的环境中生活。依据测度时间而非幼儿本己时间开展的学前行动，是对幼儿彻底的规训与约束。

2. 后继时间的催促

后继时间是幼儿生命历程中尚未到来的时间。在幼儿的发展过程中，会经历不同的时段，这些时段先后相继，构成幼儿的发展轨迹。由于时间的绵延特性，过去经由当下走向未来，人们习惯性将后继时间中的生活状态提前到当下，或是以后继时间为秩序指导当前的活动，这是典型的未来取向。

在当学前教育实践中，充斥着不少以后继时间为根本秩序而忽视幼儿本己时间的现象，如当前学前教育中存在的超前教育与强化

① 〔美〕刘易斯·芒福德. 技术与文明〔M〕. 陈允明，译. 北京：中国建筑工业出版社，2009：16.
② 〔美〕卡罗尔·格斯特维奇. 发展适宜性实践：早期教育课程与发展〔M〕. 霍力岩，译. 北京：教育科学出版社，2011：18.

训练。超前教育是把学龄期的学习内容提前到学前期，即将超越学前儿童认知水平和学习特点的内容教授给幼儿，如让幼儿学拼音、背诗歌、记单词、做算术等。当前不少幼儿园教育存在的"小学化"倾向，就是将小学的学习内容提前到学前阶段，是典型的超前教育。近年来，虽然学前教育"小学化"倾向在大中城市得到一定程度的遏制，但在县城和广大农村地区依然较为普遍，不少家长和幼儿教师甚至认为幼儿园提前学习小学的内容是理所当然的，而且这样的幼儿园才是让孩子学有所得的幼儿园。

在整个学前期，超前教育现象通常随着幼儿年龄的增长而表现得愈加突出。如在幼小衔接过程中，由于幼儿即将升入小学，人们通常会让学前教育向小学教育靠拢，让孩子学习小学低段的内容。这样的做法无疑忽视了学前教育的独立性和幼小衔接的相互性。其实，《幼儿园教育指导纲要（试行）》中明确指出，幼儿园应"与小学相互衔接，综合利用各种教育资源，共同为幼儿的发展创造良好的条件"。西方一些发达国家也十分强调幼小衔接的相互性，通常预设一个相对较长的幼小过渡期。如美国的幼小衔接主要有两种途径：一是设置从托儿所到 3 年级的学校；一是学前教育系统与学校系统之间的整合。[①] 幼儿园与小学的相互衔接是在学前教育和小学教育各自独立价值基础之上进行的，而非一方向另一方靠拢，也不是用后继时间主导当前时间。强化训练是通过反复练习、机械重复等方法让幼儿达到预期目标，掌握规定内容的教学方式。超前教育和强化训练常常相互联系，并相伴出现。因超前教育，幼儿很难掌握学习内容，于是教育者便通过强化训练的方式来达到预

---

① 邬春芹. 美国幼小衔接怎么做［N］. 中国教育报，2012 - 03 - 18.

期目标；而对幼儿进行强化训练的内容，大都超越了幼儿现有的发展水平。

超前教育和强化训练是对幼儿的催生与催促，将加速幼儿的发展，缩短学前阶段的历程。皮亚杰（Jean Piaget）曾对是否可以加速或缩短人的某些发展进行过比较研究。皮亚杰曾专门关注和研究幼儿对永久性客体认知的发展过程。其研究发现，十个月大的幼儿在永久性客体方面的认知水平仅和四个月大的猫的认知水平差不多；但在此之后，猫的永久性客体认知能力几乎没有获得提升，但幼儿在这方面的能力却不断提升。基于此，皮亚杰认为，幼儿永久性客体认知能力的发展虽然要经历相对漫长的时间，但这漫长的过程并不是没有意义的，正是因为有较长的发展时间，幼儿就可以根据认知图示进行更多的同化和顺应，而如果这个过程发展过快，就会削弱以后同化的效果。① 因此，人在成长发展过程中，虽然某些阶段会相对漫长，但这一漫长的过程并不是没有意义而可有可无，而是具有强烈的必要性。而催生或催促就是为了让幼儿过快地发展，虽然是在一定程度上也能让幼儿提前达到后继时间中所呈现的状态，但却使幼儿面临超出其发展阶段能够承受的压力。这些压力是对幼儿的催生或催促，是对幼儿应有发展节律的打乱甚至破坏，导致幼儿童年的缩短、变异或消失。已有研究指出，如果幼儿在童年阶段的成长被催生或催促，幼儿的成长与发展将会处于危机之中。② 因此，忽视幼儿的本己时间，而以后继时间为标准将妨碍幼儿生命发

---

① 〔瑞士〕皮亚杰. 皮亚杰教育论著选 ［M］. 卢浚，译. 北京：人民教育出版社，1990：252－253.

② Elkind, D. Miseducation：Preschoolers at risk ［M］. New York：Alfred A. Knopf, 1988：3－4.

展的内在进程，给幼儿成长带来不良影响。

测度时间和后继时间对幼儿的规训有一共同指向，即将幼儿的成人化。当前，测度时间已是成人生活的一般规范，而后继时间也通常源于成人对幼儿的谋划，过于倚重这些外在时间的结果将使让幼儿尽早、尽可能地适应成人社会，由此或将带来童年的遗失或危机。童年是幼儿本己时间的自然进程，虽然与成年有联系，但也有其独立的地位和独特的价值。将幼儿的童年看作是成年的准备，童心、童趣、童真或将消失，童年也就了无生趣，这也是新童年社会学对童年危机的警惕。在新童年社会学的视域下，童年被看作社会结构形式，这意味着童年相对于成年是独特的、平等的。要防止幼儿童年的遗失或危机，就要改变过于倚重外在时间的现状，让外在时间退居次要顺序，而让本己时间回归首位。

（三）基于幼儿本己时间的美好生活

遵循幼儿的本己时间是开展与幼儿生命相关的各项活动的根本要求，幼儿的美好生活是幼儿生命在本己时间中展开与完善的生活。学前教育生活作为促进幼儿生命成长与完善的活动，更应与幼儿本己时间的进程相互协调。学前教育政策需要明确这种生活，并以此为导向，让幼儿过上这样的美好生活。

1. 幼儿生命的适度生长

彰显幼儿本己时间的美好生活不是对幼儿的催生或催促，而是促进幼儿生命的适时、适度生长。在此意义上，幼儿的美好生活就是幼儿生命适时、适度生长，并不断展开和完善的过程，这一过程是与幼儿的本己时间同步推进的，不仅不会落在幼儿本己时间的推进过程之后，也不会赶超到幼儿本己时间的推进过程之前。

彰显幼儿本己时间的美好生活将与幼儿的本己时间进程协调一致，没有超越幼儿的发展限度，也没有催生或揠苗助长。德国学者博尔诺夫（Otto Friedrich Bollnow）认为，教育者应该在与时间步调一致中生活，保持与时间的正确关系是教育的重要任务。① 在处理与时间的关系时，教育者最伟大的品质在于忍耐。忍耐并不是面对时间时无所事事或无动于衷，而是要求明确事物的发展规律，与其发展过程保持一致的步调，而没有随意采取超前的行动。可见，在学前教育中，教育者让幼儿保持与其本己时间步调一致的生活是化解超前教育的有效途径。

2. 幼儿生命的自然展现

学前教育应该成为幼儿本真的生活，成为与幼儿本己时间步调一致的生活。因此，幼儿的美好生活是一种幼儿生命自然展现的生活。在这样的过程中，教育者就需要立足儿童的视角，因为幼儿的发展常常在教育者眼中被视为缓慢，从而以自己的要求强加于幼儿身上。学前教育虽然在一定程度上要超越幼儿的现有水平，但这一超越有其明确的限度，即限定在幼儿本己时间进程的最近发展区内，这一最近发展区是与幼儿当前的本己时间最临近的下一个时段，是幼儿通过个人努力和教育者的引导能够自然达到的状态，并没有任何的催生、催促抑或强化训练。"儿童在其自然时间里成为他自然的样子，教育遵循自然就是遵循儿童内在自然的时间性，按照童年的节奏进行教育上的引导。"② 学前教育生活要促进

---

① O. F. 博尔诺夫. 教育人类学［M］. 李其龙，译. 上海：华东师范大学出版社，1999：92－94.

② 杨旭东. 时间意识与教育之思——现象学态度与教育研究［M］. 北京：中国传媒大学出版社，2012：120.

幼儿适宜的个性化发展，就需尊重幼儿发展的节奏，而非让成人的节奏取代幼儿的节奏。

意大利的瑞吉欧幼教模式之所以如此成功，并受到世界瞩目，其主要原因之一在于瑞吉欧让教师要进入幼儿自身的时间架构当中，而非让幼儿进入教师、家长等外在于幼儿的时间架构中。瑞吉欧创始人马拉古齐（Loris Malaguzzi）指出："我们应该尊重成熟的时间，发展的时间，制作和了解工具的时间，幼儿能力完全地、缓慢地、过度地、清楚地、时时改变地显现的时间，这时间是对文化智慧与生理智慧的衡量。"① 在此意义上，好的学前教育生活对幼儿没有催促，而是循着幼儿的本己时间促进幼儿的内在生长，而学前教育政策需要为此创造条件。"生活不是别人的，而是儿童自己的，生活不是外在力量驱赶的，是内在力量引导的。维护儿童的童年生活，是学前教育的重要使命。"② 在没有催促的情况下，幼儿的童年是属己的童年，幼儿生命也在如此的童年中自然展现。

3. 幼儿生命的在场状态

彰显幼儿本己时间的学前教育让幼儿在教育生活中一直处于在场状态，并以幼儿的当前状态作为教育的起点。当谈及学前教育时，谈及幼儿发展时，教育者首先要考虑的是幼儿的当前状态。只有如此，教育者才能确保幼儿在教育中的主体地位，才能满足幼儿的发展所需。因此，幼儿的当前状态理所当然成为教育的现实起点和关注焦点。

---

① 〔美〕卡洛琳·爱德华兹. 儿童的一百种语言〔M〕. 罗雅芬，译. 南京：南京师范大学出版社，2006：77.
② 虞永平. 切实认清学前教育"质量低"的问题〔J〕. 早期教育（教师版），2011（Z1）：4-6.

美国教育心理学家奥苏贝尔（David Pawl Ausubel）指出，尽管学生学习的因素是多种多样的，但这当中最为重要因素却是学生已经知晓的内容，教师需要在弄清学生已知内容的基础上开展教学，这是教育心理学一条基本的原理。① 当然，幼儿当前的状态并非仅指已知的内容，还包括幼儿当下的认知矛盾、情绪状态、兴趣爱好等多项内容。如果不明白幼儿的当前状态，不清楚幼儿的当下需求与矛盾，教育者可能陷入无的放矢的境地。当前学前教育实践中尚存的"小学化"倾向，以及以成人需求引领幼儿发展的行为，都是将幼儿阶段仅仅看作是未来的准备，没有顾及幼儿当前状态，从而不能真正促进幼儿生命的发展与完善。

凸显幼儿的当前状态并不是要忽视幼儿的过去与未来，相反，这恰恰意味着将过去与未来纳入当前之中。"当前——一当我们为它本身命名时，我们就已经思及过去与未来，思及与现在相区别的早先与晚后。"② 学前教育在促进幼儿生命发展过程中，需要立足幼儿当前的状态，同时思及幼儿过去的条件和未来的可能，将幼儿的过去与将来统合到当前之中，强调幼儿本己时间的整全性，由此作为教育行动的依据。

4. 幼儿生命的内生发展

彰显幼儿本己时间的学前教育生活，要让幼儿在学前的每个阶段都处于"当其时"的成熟状态，并促使幼儿从当前的成熟状态顺利过渡到下一个临近的成熟状态，这是幼儿生命的内生发展。

在现实生活中，人们常常低估儿童甚至误读儿童，认为自己处

---

① 施良方. 学习论［M］. 北京：人民教育出版社，1994：232.
② 〔德〕海德格尔. 时间与存在［M］//孙周兴. 海德格尔选集（上）. 上海：上海三联书店 1996：672.

在成熟状态，而儿童则处于未成熟状态。这种以外在于幼儿的成熟标准来看待儿童的发展过程并不能很好把握幼儿的特点。杜威曾指出，如果认为未成熟状态是一种缺乏，那就会将生长看作是填充未成熟与成熟之间差距的东西，如此一来，我们只是在用外在的标准进行比较，并没有用内在的观点对待儿童，对待儿童期。① 按照内在内生的观点，人一生中的每个阶段都有其相应的成熟状态，只要达到这一状态，生命的发展就是适宜的。因此，以幼儿之后的阶段或成人阶段的成熟度来衡量幼儿在学前阶段的成熟情况有失偏颇。恰如卢梭所言，"每一个年龄，人生的每一个阶段，都有它适当的完善的程度，都有它特有的成熟时期"②。幼儿每个阶段呈现出来的状态，是在其本己时间意义上的适度和自然的表现，都是生命当前的成熟状态。

彰显幼儿本己时间的学前教育应让幼儿在学前的每个阶段都处于各自的成熟状态，并保证其从当前的成熟状态顺利过渡到下一个临近的成熟状态，再由下一个成熟状态过渡到临近的再下一个成熟状态，并让这样的过渡一直持续下去。恰如杜威所言，"从现在时期得到现在所有的生长的程度与种类，这就是教育"③。因此，彰显幼儿本己时间的学前教育不是催促或催生，而是适时促进与适当等待的协调统一。

综上，对每个个体而言，在其生命的历程中，没有什么比在属

---

① 〔美〕约翰·杜威. 民主主义与教育 [M]. 王承绪，译. 北京：人民教育出版社，2001：49.

② 〔法〕卢梭. 爱弥尔：上卷 [M]. 李平沤，译. 北京：商务印书馆，2012：223.

③ 〔美〕约翰·杜威. 哲学的改造 [M]. 胡适，译. 合肥：安徽教育出版社，2006：103.

己的节奏与秩序中完善生命更有意义、更值得追求、更符合善的特征。"教育的本质就是生命教育。"① 由于本己时间的个体差异性，在学前教育过程中，完善生命必然是百花齐放的过程。幼儿的美好生活是幼儿生命在本己时间中展开与完善的生活。在此需要说明的是，完善生命不同于生命完善，前者是一个过程，是动态的、发展的；后者是一个结果，是静态的、停滞的。"人永远不会变成一个成人，他的生存是一个无止境的完善过程和学习过程。人和其他生物的不同点主要就是由于他的未完成性。"② 人的未完成性意味着人一生中都不会停止发展，都不会完成发展，人的生命历程是一个不断发展的过程，人一生都处在这个成长、发展的过程中。

对幼儿来说，在完善生命的过程中，后一阶段会比前一阶段更充实和丰富，但这并不意味着前一阶段的生活不美好。只要没有背离幼儿的本己时间，没有偏离完善生命的这一特定轨迹，幼儿的生活就是美好的。彰显幼儿本己时间的学前教育生活是幼儿需要的美好生活，理应成为学前教育政策的根本伦理诉求。学前教育政策主体也需要按此制定适宜的行动规范，使学前教育根据幼儿的本己时间合理适宜地安排幼儿一日生活。

---

① 顾明远. 教育的本质是生命教育［J］. 课程·教材·教法，2013（9）：85.
② 联合国教科文组织国际教育发展委员会. 学会生存——教育世界今天和明天［M］. 北京：教育科学出版社，1996：196.

第四章　基于过程正义的学前教育政策
过程伦理正当性

学前教育政策过程由一系列前后相连的政策行动构成，要保证整个政策过程张弛有度、持续有序地推进，就需要特定的过程伦理。学前教育政策过程伦理是学前教育政策过程的伦理诉求，是对政策行动的道德规范。这些道德规范直接决定着政策过程的有序性和有效性。就学前教育政策过程伦理而言，需要基于过程正义才能保证学前教育政策的伦理正当性。

一、学前教育政策过程伦理的外在表现

明确学前教育政策过程伦理的外在表现是促使学前教育政策走向过程正义的前提和基础。在学前教育政策实践中，人们往往更多地关注学前教育政策规则或文本，对政策文本如何制定、执行与评价等过程的关注则相对较少，从而常常忽视学前教育政策过程伦理的外在表现。

（一）政策利益相关者广泛参与

每一项政策都有广泛的利益相关者人群，政策过程的合理与否会直接影响利益相关者的利益诉求。现代民主社会，人们对政策的制定、执行与评价等享有知情、参与、监督等权利。"任何一个受决策影响的人都应当可以以某种方式参与到有权力做出公共政策的机构中去。"① 如果一项政策在人们普遍不知情、没参与的情况下制定出来，该政策往往会受到社会质疑，其有效性也将大打折扣，甚至出现被抵制的情况。人们应有的权利需要表达与实现。在参与政策的过程中，人们应有的一些权利就已实现，参与本身就是行使民主权利的具体体现。② 在政策过程中，利益相关者通过参与政策制定、执行与评价等环节实现自己应有的权利。"教育政策制定是政策利益相关者通过契约建构的'政策网络'。"③这凸显了利益相关者在政策过程中的基本权利。因此，政策的利益相关者不应在政策制定过程中缺位。就学前教育政策而言，家长、幼儿教师、学前儿童以及其他与学前教育政策有利益关联的群体，都有权参与到学前教育政策过程之中。

学前教育政策的利益相关者是一个庞大的群体，其参与政策过程能保证政策信息的量丰富充足、多样广泛。"政策制定的过程有两

---

① Raymond Gess. Public Goods & Private Goods［M］. Princeton and Oxford：Princeton University Press，2003：54.

② 俞可平. 权利政治与公益政治［M］. 北京：社会科学文献出版社，2000：126.

③ 刘荣. 利益相关者共同治理视阈下的教育政策制定［J］. 现代教育科学，2011（9）：21－24.

个关键特征,一是参与性,二是有据可依。"① 这两个特征的体现都源于广大利益主体对政策全程的参与。其中第一个特征——参与性自然不必赘言。要使政策制定的过程体现有据可依的特征,就需要足够的信息为保障。而足够的信息很大程度上来自政策的利益相关者。具有足够的信息才能确保对政策问题的选择与确认恰当且合适,不会出现偏差或误判;才能保证政策目标的确定适当而适度,不过度超前,也不过于落后;才能保证政策方案合理且可行,能够调整多方利益诉求,而不是扩大利益相关者的利益分歧。"在制定教育政策的过程中,仅由相关政府或政府职能部门单方面提供资料信息,显然不够全面。"② 政策制定是政策过程的起点,政策起点的不公正会在一定程度上导致政策执行与政策结果的不公正,从而损害政策的效益,导致政策的正当性受损。在教育政策制定过程中,影响我国教育政策程序公平的主要因素就源自程序不公正,很多教育利益相关者无法参与到政策制定过程中去。③ 利益相关者缺位还将严重影响政策的公开性与透明性,从而不利于政策的传播。这也可能使希望政策尽早被大众知晓、得到更多人的支持与拥护等愿望落空。因此,学前教育政策过程要具有正义性,需要政策利益相关者的广泛参与。

(二) 政策环节完整

从政策的制定到政策的终结是一个系统化的过程,该过程由不

---

① 周欣,周晶,刘婷. 可持续性早期儿童发展政策的理念和实施——亚太地区国家早期儿童发展政策制定的进展 [J]. 幼儿教育,2011 (18):51 –55.
② 刘世清. 教育政策伦理 [M]. 上海:上海教育出版社,2010:87.
③ 朱永坤. 利益相关者缺席——影响教育政策程序公平的重要因素 [J]. 教育科学研究,2010 (8):9 –13.

同的政策环节前后相连，任何环节的缺失或弱化都会导致政策环节的不完整，从而有损政策的正当性。政策过程可以分成政策制定、政策实施、政策终结等大的环节，每个大的环节又包括若干小环节。如政策制定包括政策问题的确认、政策议程的启动、方案设计、方案调研与评估、可行性论证、方案出台与合法化等；政策实施则包括政策执行、政策评估、政策监测、政策调整等小环节；政策终结则包括政策正式终止、政策效益评估、政策反思等小环节。

学前教育政策环节不完善常常会导致政策目标设定不合理。政策目标设定不合理主要包括两种情况：一是目标过高，致使目标延迟达到；二是目标过低，致使目标过早达到。当然，由于政策环境的动态性变化，预定的政策目标与实际的发展水平之间往往存在一定差异。但如果预定的政策目标与实际的发展水平存在较大差异，这就说明政策目标不合理，政策制定有疏漏。而出现如此状况，可能与政策制定环节的方案调研与评估、可行性论证被忽视或弱化等方面存在较大相关度。同时，当政策目标出现较大偏差时，政策制定主体应该进入政策调整环节，修订既定的目标。政策环节不完整还将严重影响学前教育政策的可接受性，有损学前教育政策过程的正义，从而成为学前教育政策过程中较为普遍的伦理问题，并进一步削弱学前教育政策的伦理正当性。因此，具有过程正义的学前教育政策需要有完整的政策环节。

（三）政策过程高效

学前教育政策的过程需有较高效率，才能及时应对和治理学前教育领域中的问题，引领和推进学前教育事业的发展。可以说，越能早日治理学前教育领域的问题，就越能早日维护和增进利益相关者的利益，从而促进学前教育事业走上良性发展的轨道。

　　强调政策过程有较高效率，并非要弱化或取消政策过程的某些环节，而是要突出政策各环节的有序连接与正常运转。同时，政策过程的较高效率并不是说要刻意延长或缩短政策各环节本应需要的时间。在某些特定时期，政策制定者会因政策的特殊性而有意延长或缩短政策制定的时间，但这些政策可能受到社会诟病。即使有良好的学前教育政策，也可能因为政策程序效率低而变得庸常普通，政策程序效率低将给政策过程带来负面影响。因此，具有过程正义的学前教育政策需保证政策过程各个环节的高效运转。

　　（四）政策外部程序连贯

　　对于任何国家或政府而言，只要致力于学前教育事业的发展，学前教育政策活动就不应停滞或间断。这说明政策文本、政策规章可以终止或更迭，但政策活动不应停止。通过持续不断的政策活动，学前教育政策才能不断向前发展，学前儿童的美好生活才有保障。因此，我们似可将某一政策内部要经历的环节、步骤等称为政策的"内部程序"；而将政策与政策之间的联系和经历的环节、步骤等称为政策的"外部程序"。教育政策是一个由一系列活动组成的顺序相连直至终结、并导向新政策活动的连续过程。① 从历时的角度看，政策过程似乎是政策内部程序与外部程序的交替、协调与统一。因此，在思考学前教育政策程序问题时，不仅要思考某一政策的内部程序，还要思考政策与政策的连续性、承接性，即关照政策的外部程序，使上一个政策与下一个政策之间实现合理连接。

――――――――――

　　① 范国睿.教育政策的理论与实践［M］.上海：上海教育出版社，2011：7.

　　在学前教育政策过程中，具有密切联系的不同政策之间具有明显的连贯性。例如，学前教育三年行动计划中，第一期学前教育三年行动计划的提出最早见于 2010 年 11 月出台的《国务院关于当前发展学前教育的若干意见》。根据该政策的要求，实施第一期学前教育三年行动计划的年份分别是 2011 年、2012 年和 2013 年。2014 年 1 月公布的《教育部基础教育二司 2014 年工作要点》明确指出："对实施第二期三年行动计划进行全面部署。"① 这说明政策制定者对学前教育三年行动计划有系统性的考虑，并非只是实施一期就不再推行。因此到 2014 年，随着第一期学前教育三年行动计划画上句号，理所当然过渡到第二期学前教育三年行动计划。2014 年 11 月，教育部、国家发展改革委、财政部三部委联合出台了《教育部 国家发展改革委 财政部关于实施第二期学前教育三年行动计划的意见》，决定"2014—2016 年实施第二期学前教育三年行动计划"，并要求："各省（区、市）第二期学前教育三年行动计划经省级人民政府批准后，于 2014 年 12 月 25 日前报教育部。"② 第二期学前教育三年行动计划结束后，国家又实行了第三期学前教育三年行动计划。可见，第一期、第二期和第三期学前教育三年行动计划之间存在外部程序的连贯性。

　　要促进学前教育事业的有效发展，政策行为往往不能间断或停滞，持续的政策行动才能巩固已有政策取得的成效，并将这些成效持续推进并不断增大，以达到预期目标。

---

① 教育部基础教育二司 2014 年工作要点［EB/OL］. 中国教育信息化网，2014 - 01 - 28.

② 教育部 国家发展改革委 财政部关于实施第二期学前教育三年行动计划的意见［EB/OL］. 中华人民共和国教育部官网，2014 - 11 - 05.

综上所述，在学前教育政策过程中，要确保利益相关者的指向、参与和监督等权益，确保政策内部程序与外部程序的连续、畅通和高效，才能真正体现学前教育政策过程的正义。

二、学前教育政策过程正义的基本指向

学前教育政策过程伦理问题致使学前教育政策伦理诉求不完备，学前教育政策的伦理正当性受损。要完善学前教育政策的伦理诉求，重建学前教育政策的伦理正当性，就需要确保学前教育政策的过程正义。

正义是一个十分复杂的概念，在思想史上有众多学者对其进行过解读。有论者曾系统梳理西方思想家对正义的不同解读，如柏拉图将正义视为和谐，亚里士多德将正义视为平等，西塞罗将正义视为各人得其所应得，卢梭、康德等人将正义视为自由，霍布斯将正义视为安全，罗尔斯将正义视为自由与平等，阿奎那将正义视为共同幸福，等等。[1] 由此可见"正义"的复杂性与丰富性。美国学者博登海默（E. Bodenheimer）指出，正义有一张变幻无常的脸，常常呈现不同的形态、不同的样貌。[2] 由此可见，面对正义如此复杂的内涵，要弄清正义的样貌也绝非易事。笔者在此重点讨论的是学前教育政策的过程正义，因此从政策学的视角探析学前教育政策过程正义的含义，并从政策过程伦理与内容伦理和主体伦理关系的角度明确过程正义的基本指向。

---

[1] 肖建国. 程序公正的理念及其实现 ［J］. 法学研究，1999（3）：5－23.

[2] ［美］埃德加·博登海默. 法理学——法哲学及其方法 ［M］. 邓正来，等译. 北京：华夏出版社，1987：238.

（一）促进学前教育政策过程的正当性

正义不仅必须实现，而且其实现的方式需要看得见、摸得着、感受到。这一"看得见、摸得着、感受到"的实现正义的方式，重要经由过程正义来体现。因此，过程正义是一种外显化的正义，其更多关注的是政策过程本身的设计是否合理正当。

在政策学的视野中，就是要通过政策过程设计，实现公共利益的最大化，实现公共善的追求。如果某一政策过程达到了上述目标，那么这一政策过程就是正义的。政策的过程伦理不仅关注政策程序步骤、环节等是否具有道德性，还关注政策过程中手段、方法等选择是否具有道德性。学前教育政策过程正义是政策活动步骤、程序、方式与手段等的正义，是学前教育政策内容伦理和主体伦理实现的条件。正义的学前教育政策过程具有稳定性，一经设定就不允许随意变动、随意修改。因此，学前教育政策过程本身就具有强制性，体现出规则的特质，其要求进入政策过程的主体主动遵守和执行。如果不遵守，就有违过程正义。因此，学前教育政策过程正义不因人、不因事而变更，具有法治而非人治的特点。

（二）保障学前教育政策内容伦理的实现

学前教育政策的过程正义作为学前教育政策的过程伦理，其关注的是如何设计出一套合理的过程保证学前教育内容伦理的实现。因此，过程正义是内容伦理实现的条件和保障。学前教育政策有特定的内容伦理，这些内容伦理的实现需要由学前教育政策过程加以实施。这意味着内容伦理可以设计得很美好，但这一境地并不因设计得美好就可以自然出现，其达成预期目标需要有符合正义的过程。

学前教育政策过程正义不关注或不主要关注内容伦理本身是什么，而是关注如何通过形式化的手段达到这一被业已确定的伦理诉求。一旦这一正义的过程设计出来，政策过程就能良好运转。例如，我们将奠基幼儿美好生活作为学前教育政策的内容伦理诉求，那么对学前教育政策的过程伦理而言，其并不关注幼儿美好生活是什么样子的，而是关注幼儿美好生活是怎么实现的。当幼儿美好生活通过合理的学前教育政策过程设计而得以最大限度地实现，我们通常将其视为具有正义的学前教育政策过程。对教育政策而言，只有基于过程正义，才能化解政策过程中可能出现的随意性问题，并在此基础上把应然的教育伦理规范落实到政策伦理实践之中，达成和显现教育政策的伦理价值。① 没有正义的过程，学前教育政策的内容伦理也就只能束之高阁。

(三) 约束学前教育政策主体的行为

学前教育政策过程正义能在一定程度上约束学前教育政策主体的行为。学前教育政策主体在制定、实施、评价等政策过程中，并不能保证所有的主体都是负责任的、公正无私的，现实生活中就有学前教育政策主体利用自己的职务之便、权力之便而损害或侵占学前教育领域公共利益的情况。正义的学前教育政策过程因政策步骤合理、程序恰当、手段正当而对政策权力有限定性，能保证政策权力合理使用，从而防止政策权力腐败、滥用或闲置等问题，并对政策过程参与者的权利、角色、任务、责任等规定明确，能在一定程

---

① 石火学. 教育政策程序正义的必要性与价值 [J]. 国家教育行政学院学报，2011 (10)：44-48.

度上防止学前教育政策主体的乱作为与不作为。"在教育政策活动中，对政策程序的强调与设置，是对政策主体可能的肆意'恶'行为的一种必要约束。"① 因此，为了规避学前教育政策过程中不良情况的出现，就需要有一套正义的学前教育政策过程。

（四）协调学前教育政策领域的利益冲突

学前教育政策过程正义能在一定程度协调政策相关者的利益冲突，减少学前教育政策领域的利益分歧。学前教育政策必然要对学前教育领域的利益进行分配和调整。由于利益相关者的利益并不一致，有时甚至相互矛盾和冲突，学前教育政策对利益的分配和调整的结果未见得让大家满意。罗尔斯指出："虽然一个社会是一种为了共同利益的合作事业，它却不仅具有一种利益一致的典型特征，而且也具有一种利益冲突的典型特征。"② 在价值多元的背景下，利益冲突不可避免。

对政策而言，从根本上消除利益冲突政策的最优方案常常在理论之中，似乎难以在实践中推行。这意味着学前教育政策在某些情况下不能消除利益冲突。在如此情况下，有可能造成政治僵局，政策目标难以确立，政策文本难以制定。此时，突出政策过程的正义往往能降低冲突，甚至促使利益相关者达成一致的利益。有论者指出，打破利益冲突这种僵局的有效处理方式是把这些价值问题转变

---

① 刘世清. 教育政策伦理 [M]. 上海：上海教育出版社，2010：85.
② 〔美〕约翰·罗尔斯. 正义论 [M]. 何怀宏，等译. 北京：中国社会科学出版社，2009：4.

成程序问题。① 因此，只要政策过程符合正义的诉求，即使学前教育政策对利益的分配和调整的结果没有达到完满的状态，人们也会因其具有政策过程正义而主动接受，从而适度抑制自己的利益需求，减少利益相关者之间的利益冲突。

三、学前教育政策过程正义的价值诉求

学前教育政策过程正义要求政策活动的主体参与、程序设计与手段选择等符合特定的正义诉求。具体而言，学前教育政策过程正义的诉求包括政策的过程民主、政策的程序正义和政策的手段正当。

（一）学前教育政策的过程民主

学前教育政策涉及广大利益相关者的基本利益，需要对学前领域的公共利益进行分配和调整，从而导向学前领域的美好生活。在此过程中，要体现过程正义，首先就需要人们的民主参与。

学前教育政策过程正义要求社会机构、组织与个人广泛参与到政策过程之中，这也是社会民主的有效体现。美国学者科恩（Koln）指出，民主作为一种社会管理制度，那么该制度下的成员大都可能通过直接或间接的方式参与到对全体成员有影响的决策过程中。② 正义的学前教育政策过程具有开放性，能够主动接纳社会成员的直接或间接参与。在参与过程中，参与者的社会角色、职务职称、经济收入等信息都被视为无关信息，大家可以各抒己见，平等参与政

---

① 季卫东. 法律程序的意义——对中国法制建设的另一种思考［J］. 中国社会科学，1993（1）：83 - 103.

② 〔美〕科恩. 论民主［M〕. 聂从信，译. 北京：商务印书馆，2005：10.

策的全程。学前教育政策的过程民主是公民权利实现的有效保障。公民在现代社会政治生活中具有多项权利，如知情权、参与权、监督权、表达权和批评权等。由于主体意识的增强，民众已不仅仅满足于权利的拥有，而且还积极寻求权利的表达与实现。可以说，权利的表达与实现才是保障公民权利的根本方式。戴伊（Thomas R. Dye）指出，那些重大的涉及大众利益的教育政策，将引发全体社会成员的参与和商讨；甚至有一些社会成员希望自己的教育观点能够对国家的教育决策产生积极影响。① 在实践中，不少参与政策过程的社会成员并不一定是政策的重要利益相关者，他们或许只是政策利益非常间接的相关者，他们的参与并不是为了使自己的利益诉求更大，而是要将自己的权利加以表达与实现。

学前教育政策的过程民主具有意味着人们参与学前教育政策过程的广泛性。参与的广泛性有两个方面的含义，一是参与人员的广泛性，二是参与环节的广泛性。因此，基于学前教育政策的过程民主，人们不是只在学前教育政策的某一环节参与，而是在学前教育政策应该参与的环节就能适时参与其中。因此，正义的学前教育政策过程能保证人们参与权的实现，并且其参与权的实现不仅仅表现在政策制定的环节，而且表现在政策实施等环节，如政策评估、政策监测、政策反思等小环节。人们参与权的实现意味着参与主体的广泛性。一种程序的设计只有满足了公民参与的要求，才有正义性。公民参与权的剥夺或阙如，就是对公共政策正义的破坏。② 同时，

---

① 〔美〕托马斯·R·戴伊. 公共政策新论 [M]. 罗清俊，译. 台北：韦伯文化事业出版社，1999：204.

② 李建华. 公共政策程序正义及其价值 [J]. 中国社会科学，2009 (1)：64 - 69.

由于参与权是平等的，在参与过程中，参与者有平等表达自己意见的权利。在此意义上，过程民主的学前教育政策程序安排对拥有权利的利益相关者也是一种保护。

学前教育政策的过程民主对学前教育政策权力具有限定性。程序既保护多数人的权利，也保护决定者的权利。[①] 学前教育政策过程伴随着特定的政策权力才得以推行，政策权力是政策推行的动力之一。然而，政策权力不是无限的，也不是可以随意使用的。对公共政策而言，其过程是否正义，通常取决于该过程规定的公共权力的使用方式。[②] 学前教育政策的过程民主能发挥社会大众对政策权力的监督，从而对政策权力具有限定性，保证政策权力合理使用，并防止政策权力腐败、滥用或闲置等情况发生。

(二) 学前教育政策的程序正义

学前教育政策程序正义是学前教育政策整个环节遵循合理程序而体现和彰显的正义诉求。就公共政策而言，其程序正义就是要找出最有效地实现正义的方法。[③] 因此，程序本身的设计是否合理正当直接关系到政策程序是否正当。对教育政策而言，就是要通过教育政策程序设计，实现教育善的最大化。

程序正义经由政策过程体现，并由政策程序保障。教育政策程序正义指的是教育政策的整个过程，包括政策制定、实施和评价等，

---

① 季卫东. 法律程序的意义——对中国法制建设的另一种思考 [J]. 中国社会科学，1993 (1)：83 – 103.

② 许丽英，谢津燧. 公共政策程序正义与公共利益的实现 [J]. 学术界，2007 (4)：177 – 181.

③ 李建华. 公共政策程序正义及其价值 [J]. 中国社会科学，2009 (1)：64 – 69.

都具有合理正当的程序，符合正义的基本要求。① 具有程序正义的学前教育政策从问题的确认、政策文本的制定、政策的实施、政策的调整与评价等每一个过程都是恰当合理的。"程序正义是一种过程的正义，其正义是由程序建立或保证的。"② 当某一程序运行正当，其各个环节连接有序高效，我们通常认为这一程序具有正义的品质。正义的学前教育政策程序是相对独立的并能自行运转的，程序推行的各个环节紧密相连，程序参与者的权利、角色、任务、责任等规定明确，从而保证程序不会因外在环境的变化而改变，也不会因为人员的变动而改变。学前教育政策的结果是该程序运转的结果，不产生于程序之外，经该程序做出的决定就有强制性，要求相关人员必须遵守，不允许随意变动。

美国学者罗尔斯曾对程序正义的类型进行划分，认为程序正义通常有三种类型，分别是完善的程序正义、不完善的程序正义，以及纯粹的程序正义。这为我们认识学前教育政策的程序正义提供了很好的参照。

完善的程序正义指的是"有一个决定什么结果是正义的独立标准和一种保证达到这一结果的程序"。③ 以分蛋糕为例，首先要确定什么样的标准是正义的，如平均分配，或按劳分配等。在现代社会，人们可能会更多地倾向于平均分配，即每个人都可以平等地获得一份蛋糕。如果我们以此作为正义的独立标准，要实现这一结果，还需要一套恰当适宜的程序。那就是让有权享用蛋糕的人来切蛋糕，

---

① 张军凤. 教育政策程序正义 [J]. 教育理论与实践, 2010 (16): 24–27.
② 姚大志. 论程序正义 [J]. 天津社会科学, 2000 (4): 39–42.
③ 〔美〕约翰·罗尔斯. 正义论 [M]. 何怀宏, 等译. 北京: 中国社会科学出版社, 2009: 67.

并让切蛋糕的人最后拿取，其他人都被允许在切蛋糕人之前拿取。于是，在通常情况下，为了使自己获得尽可能大的一个蛋糕，分蛋糕的人会尽力平等地切分。否则，留到最后通常只能是最小的那一块。于是，这个切蛋糕的程序设计保证了预定结果的达成，即最后人人都平等地获得了一份蛋糕。于是，这一程序体现的就是完善的程序正义。由此可见，完善的程序正义具有两个显著的特点：其一是有标准，该标准用以判定结果是否正义；并且这一标准不受程序的影响，在程序开展之前就已经被确立下来；其二是有程序，只要程序设计合理，某一正义的结果就可以通过特定的程序来实现。因此，完善的程序正义能否实现首先取决于有没有一个独立的公平标准，其次才是取决于能否设计出特定的程序以实现这个想要的结果。

不完善的程序公正是："有一种判断正确结果的独立标准，却没有可以保证达到它的程序。"① 在这一情况下，虽然判定正义的标准是独立的，但这一标准并不一定有与之相匹配的程序来保证该标准的实现。法庭的审判程序似乎就是一个典型的案例。在审判开始之前，有一个判定正义的独立标准：所有作奸犯科的人都应该被宣判有罪，而所有无辜的人都应该被宣判无罪。然而，在实际审判的过程中，这一独立的正义标准不一定能实现，总会出现一些偶然情况，导致审判过程的误判，从而使作奸犯科之人逍遥法外，使无辜之人蒙受不白之冤。现实生活中偶有的冤案错案就是例证。罗尔斯认为，这种不正义并不一定是因为人们的过失或过错，而在于结果本身的特性，很难找到与结果相互匹配的程序，从而不能保证要想的正义

① 〔美〕约翰·罗尔斯. 正义论［M］. 何怀宏，等译. 北京：中国社会科学出版社，2009：67.

结果一定会出现。由此可见，不完善的程序正义也有两个典型的特质，其一是有独立正义标准，这一点和完善的程序正义相同；其二是没有保证实现该标准的程序，这意味着独立的正义标准虽然美好，却不一定能够实现。

纯粹的程序正义指的是："不存在判定正当结果的独立标准，而是存在一种正确的或公平的程序。"① 如此一来，纯粹的程序正义就源自程序本身，不需要判定正当的独立标准。一旦某一程序被设计出来，并获得人们的遵从，就是纯粹的程序正义，至于程序展开之后会出现什么结果无关紧要。并且，无论结果如何，都会因程序具有正义的特性而被视为是恰当的或公平的。赌博的程序就可以被视为典型的纯粹的程序正义。赌博的程序设计通常如此：参与者自由进入，自愿参加。只要赌博过程中没有人作弊，步骤合理，最后无论出现何种结果都无关紧要，都不损害程序的正义。由此可见，纯粹的程序正义有一个典型的特点，即程序本身是可取的或公平的。

罗尔斯的程序正义理论将程序正义划分为三种类型，反映出不同程序所具有的特点与性质，让人们意识到程序正义的价值意义，以及实现程序正义的可能条件。当人们面对具体情况时，应该达成何种程序正义源于事物本身的性质。同时，罗尔斯的程序正义理论也提醒人们要重视合理的程序设计，在一些情况下，正义的程序是实现正义结果的条件，而在另一些情况下，正义就在于程序本身。

根据罗尔斯的程序正义理论，我们有必要明确学前教育政策程序正义的归属，明确其究竟属于何种程序正义。学前教育就教育政

---

① 〔美〕约翰·罗尔斯. 正义论［M］. 何怀宏，等译. 北京：中国社会科学出版社，2009：67.

策而言，人们总是能找到这一独立的标准，如教育公共利益、教育公平等，以此来判定政策的结果是否正当或正义。因此，可以将教育政策的程序正义排除在纯粹的程序正义之外。

接下来，我们便需要进一步思量学前教育政策的程序正义属于其余两种程序正义的哪一种。有论者着眼于教育资源分配和制度化教育，认为教育资源的分配不是随意的，其不仅需要一个独立的标准，还需要一个公正的程序，于是就教育资源分配而言，当属于一种完善的程序正义。① 但也有论者认为，从现实来看，教育政策程序公正是一种不完善的程序正义。② 根据罗尔斯的程序正义理论，学前教育政策程序正义当属不完善的程序正义。原因在于虽然存在一种判断学前教育政策行动结果是否正义的独立标准，但并非一定能找到实现这一正义结果的程序。

当前，人们对学前教育政策行动结果究竟应该确立什么标准才是正义的尚有争议。笔者认为，这一独立的标准可以是一个价值体系，即以公平和公益普惠为一般诉求，以奠基幼儿美好生活为根本诉求的价值体系。虽然有了独立的标准，但是现实中难以找到保证达到这一标准的程序。例如公平，虽然可以通过资源均衡品质、标准化建设、补偿弱势群体与弱势地区等一系列的程序设计，但由于理性的局限依然无法保证实现理想的公平，而只能不断缩小地区差异、区域差异、城乡差异和园际差异，减少学前教育领域的不公，不断趋近公平。再如奠基幼儿美好生活，虽然可以通过合理安排一日生活，游戏化、生活化的教学，个性化的课程等一系列的程序设

---

① 冯建军. 程序公正：制度化教育公正的重要原则 [J]. 教育发展研究，2007（Z1）：45–47.

② 刘世清. 教育政策伦理 [M]. 上海：上海教育出版社，2010：95.

计来为其做铺垫，但依然无法保证幼儿一定能过上属于自己的美好生活。因此，学前教育政策过程的程序正义应当属于不完善的程序正义的范畴。罗尔斯认为，在那些有重大实践利害关系的情形之中，即便完善的程序正义是可能存在的，但也十分罕见。① 由此可见，完善的程序正义带有太多理想的成分，在现实中很难实现。

明确学前教育政策程序正义属于不完善的程序正义对学前教育政策过程有一定的警示意义。正是因为没有保证实现正当结果的独立标准的程序，才要求学前教育政策主体在政策过程中更具责任意识和担当风度，才要求在学前教育政策程序设计上慎之又慎、精益求精，以求设计出无限趋近独立标准的程序。就像审判程序一样，虽然不能保证所有作奸犯科的人都被宣判有罪、所有无辜的人都被宣判无罪，但这并不能成为审判过程出现错判、漏判的借口。相反，参与审判的人应该更加细致地工作，更加小心地求证，并力求设计出更合理的审判程序，不断趋近乃至达成那一独立标准。

（三）学前教育政策的手段正当

学前教育政策的过程伦理不仅关注政策程序步骤、环节等是否具有道德性，还关注政策过程中措施、方法等选择是否具有道德性，这其实关涉的是学前教育政策手段的伦理正当性问题。政策手段正当是学前教育政策过程正义的内在诉求。

政策手段是政策过程中所采用的措施、方式和方法等的总和。政策手段是政策目标与政策行动的中介与桥梁，对政策目标的实现

---

① 〔美〕约翰·罗尔斯. 正义论 [M]. 何怀宏，等译. 北京：中国社会科学出版社，2009：67.

有直接影响，对政策行动的开展有指导意义。在每一项政策过程中，所采取的政策手段往往不是单一的，而是多样的。因此，从不同的角度出发，可以将政策手段划分为不同的类型。从政策手段的类型看，可以分为行政手段、经济手段、法律手段和文化手段等；从政策手段的重要程度看，可以分为关键手段、重要手段和辅助手段；从政策手段之间的相互关系看，可以分为独立手段和关联手段等。面对众多的政策手段，其选择亦有多重标准，如从经济的角度看，政策手段需要有较低的投入成本，并有较高的产出效率；从科学的角度看，政策手段需要贴近最新科学技术的发展趋势。在这些标准之中，伦理标准无疑是最重要的标准。因此，虽然政策手段具有多样性，但所采用的手段都必须符合特定的伦理道德规范。

由于手段的选择是为了目的的实现，人们为了实现某一正当目的而在选择手段时常常有两种不同取向。一种取向认为，要实现正当目的，手段亦要正当。该取向强调，目的的正当并不意味着手段的正当，手段不因目的正当而具有天然的正当性；当现实中无法用正当的手段达到预期的目的时，宁愿暂缓目的的实现。恰如孔子所言："富与贵，人之所欲也，不以其道得之，不处也；贫与贱，人之所恶也，不以其道得之，不去也。"（《论语·里仁》）另一种取向认为，为实现正当目的，手段可以不正当。该取向认为，只要目的正当，手段是否正当无关紧要。甚至在必要的情况下，可以采用不正当的手段。意大利学者马基雅维里（Niccolò Machiavelli）曾指出："一位君主，尤其是一位新的君主，不能够实践那些被认为是好人应做的所有事情，因为他要保持国家（stato），常常不得不背信弃义，不讲仁慈，悖乎人道，违反神道。"① 在马基雅维里看来，因目的是正当的，就可以为手段的不正当进行辩护，手段即使不正当也会因目的的正当而变得理所当然。

在政策领域，政策手段的不正当往往会损害政策目标的正当性。因此，具有过程正义的政策通常要求政策手段是正当的。"在现代国家当中，公共管理部门在目的正当性与手段正当性的诉求上应当是相辅相成的。"② 可以说，在当代社会，政策目标的正当性要求政策手段的正当性，而政策手段的正当性又在一定程度上彰显了政策目标的正当性。

就学前教育政策的过程正义而言，其政策手段就必须正当，如此方能更好地实现政策目标。如《国务院关于当前发展学前教育的若干意见》指出："分类治理、妥善解决无证办园问题。各地要对目前存在的无证办园进行全面排查，加强指导，督促整改。整改期间，要保证幼儿正常接受学前教育。"③ 对无证办园进行全面排查，加强指导，督促整改，并在整改期间保证幼儿正常接受学前教育，这是过程正义中手段正当的价值诉求。无证办园通常存在某些不合理的地方导致无法取得办园资格，其办园规范和质量往往也存在一些问题，不能保障幼儿的安全和健康。因此，相关部门在排查的过程中，一经发现，就不能再拿幼儿的安全和健康冒险，让幼儿在该无证办园的幼儿园中继续接受学前教育。有论者指出："从符合儿童身心发

---

① 〔意〕尼科洛·马基雅维里. 君主论 [M]. 潘汉典，译. 北京：商务印书馆，2012：85.

② 顾凌云，谭安奎. 目的与手段：公共管理中的双重正当性分析 [J]. 北京航空航天大学学报（社会科学版），2010（3）：1－5.

③ 国务院关于当前发展学前教育的若干意见 [EB/OL]. 中国政府网，2010－11－24.

展需求的意义上说，背离儿童身心发展特点与需求的学习是零价值甚至是负价值的。"① 因此，防止幼儿在无证办园的幼儿园接受教育是对幼儿身心健康发展负责任的做法，是具有正当性的政策手段。

可见，政策手段正当是学前教育政策过程正义的内在价值诉求。只有政策手段正当，才能更好地实现学前教育政策的内容伦理，更好地彰显学前教育政策过程的伦理正当性。

四、学前教育政策过程正义的实现

学前教育政策过程正义虽然值得期待和向往，但要其真正实现需要特定的条件。在学前教育政策过程中，政策主体应尽可能创造这些条件，以求学前教育政策过程正义更好地实现。

(一) 相关者深度商谈

相关者深度商谈的学前教育政策过程够保证政策过程的信息充足与畅通，是实现学前教育政策过程正义的基本条件。相关者不一定限于学前教育政策的直接利益相关者，也可能是与学前教育领域的利益没有直接联系的组织或群体，只要他们有正当的权利和良好的意愿，都可以适度参与到学前教育政策过程中。哈贝马斯认为，相关者是"其利益将受到该规范所调节的一般实践的可以预见结果影响的每一个人。"② 由此可见相关者种类和数量的多元与多样。如果说相关者商谈是人们参与政策过程的数量的体现，那么深度协商

---

① 虞永平. 学前教育的价值审视 ［N］. 中国社会科学报，2009 – 11 – 10.
② 〔德〕哈贝马斯. 在事实与规范之间 ［M］. 童世骏，译. 三联出版社，2011：132.

就是人们参与质量的体现。

在政策过程中，深度商谈意味着参与主体不是浅尝辄止、不是大而化之，抑或是仅仅走走过场，而是充分发挥应有的理性，积极献计献策，积极行使正当的权利。如在学前教育政策的制定环节，就需要大规模地调研和论证。"对任何主要国内问题的国家政策形成的努力，一般要经过长时间的、激烈的辩论和大范围的协商。"① 长时间的辩论和大范围的协商才能真正保证社会的参与广度与深度。多方主体深度参与政策过程有助于社会对政策的正确认识，增加决策的科学性，防止不必要的误读与曲解，从而造成资源的浪费和行为的失误；多方主体深度商谈还有助于学前教育政策的传播，使学前教育政策在尽可能短的时间被大众知晓，得到更多人的支持、拥护与执行，发挥更大的政策效益，促进过程正义。

在教育政策领域，过程正义因多方深度商谈而有所体现。如2010 年 7 月国家出台的《国家中长期教育改革和发展规划纲要(2010—2020 年)》，从 2008 年 8 月《规划纲要》研制工作启动，到其正式公布，历时近两年，其中经历了调查研究、起草初稿、公开征求意见、反复修订等环节，每一个环节都有大批利益相关者参与。由此可见利益相关者的参与意愿与热情，也可见政策制定的公开与公正。以至有论者指出，就《规划纲要》诞生的整个过程而言，其包含每个具体规划目标、每个重大问题都充分听取了社会各界的意见和建议；同时《规划纲要》决策者的决策权也是在监督之下运行

---

① 〔美〕斯图亚特·S. 那格尔. 政策科学百科全书［M］. 林明，等译. 北京：科学文献出版社，1990：100.

的，是阳光、公开和透明的决策。① 在多方广泛参与《规划纲要》的研制工作中，人们对"学前教育"也给予了充分的关注和参与。有研究基于《规划纲要》第二次征求意见期间新闻门户网站 Web 文本的分析指出，在 2010 年 2 月公布后一个月内，就收到包括纸质信件、电子邮件和教育部门户网站发帖等建议 2.7 万余条，通过各种媒介的评论、意见和建议接近 250 万条。其中，对学前教育这一主题的关注频数较为靠前，排在 46 个主题的第 16 位，位于大学生就业、减负、课程改革等主题之前。② 或许正是因为多方主体广泛深入的参与，《规划纲要》在出台后得到了社会的普遍认可。

再如《3—6 岁儿童学习与发展指南》，从 2005 年 7 月启动到 2012 年 9 月正式颁布，历时 6 年多，期间历经多次修改论证，并在文本预案出台后又经历了长时间的征求意见与完善，让多方主体广泛深入参与其中，也因此得到了人们的普遍认同，为学前教育政策过程正义创造着条件，甚至在一定程度上体现着过程正义。在制定政策的过程中，及时了解和掌握社会大众对政策的态度，可以提升政策的针对性，让政策中化解问题的具体举措更具成效，更容易获得人们的认可和接收。③ 多方主体广泛深入商谈也是政策制定者了解公众态度、提高可接受性的有效措施，从而促使学前教育政策过程向着过程正义的方向迈进。

---

① 贺武华. 科学与民主的决策——《国家中长期教育改革和发展规划纲要(2010—2020 年)》[J]. 教育发展研究，2011（5）：60 - 64.

② 杨小敏. 重大教育决策过程中的网络舆情——基于《纲要》二次征求意见期间新闻门户网站 Web 文本的分析 [J]. 复旦教育论坛，2011（6）：68 - 73.

③ 李大治，王二平. 公共政策制定程序对政策可接受性的影响 [J]. 心理学报，2007（6）：1093 - 1101.

(二) 程序制度保障

要实现学前教育政策过程正义，需要有程序制度的保障。制度通常表现为需要人们必须遵守的行动规程或行为准则。美国学者道格拉斯·诺斯（Douglass C. North）认为："制度是一系列被制定出来的规则、守法程序和行为的道德伦理规范，它旨在约束追求主体福利和效用最大化利益的个人行为。"① 由此可见，道格拉斯·诺斯强调制度是一种道德伦理规范，并以此约束人的行为，这与政策的过程伦理有一致的诉求。

要想学前教育政策程序具有正义的品质，需要将达成正义的规范变成确定并成文的程序制度。如此一来，政策程序的推进就有章可循，可有效防止政策过程中的随意性。当前，社会已十分重视行政程序制度的建立，以此来推进过程正义。如近年来，我国很多省级、市级地方政府都出台了重大行政决策程序规定，以此保障行政程序的正义。同时，一些地方教育行政部门也出台了教育系统重大行政决策程序规定。以江苏省为例，2013 年 11 月江苏省教育厅出台了《江苏省教育系统重大行政决策程序规定（试行）》。该文件规定，做出重大行政决策应经过下列八个程序环节：决策建议与立项；调研起草决策方案；征求意见；专家论证；风险评估；合法性审查；集体讨论决定；公开发布。② 可以说，该文件的出台对推进其区域内教育政策过程正义有积极意义。当然，该文件尚有进一步细化和

---

① 〔美〕道格拉斯·C. 诺斯. 经济史中的结构与变迁［M］. 陈郁，等译. 上海：上海三联书店，1994：225－226.
② 江苏省教育系统重大行政决策程序规定（试行）［EB/OL］. 2013－11－30，http：//www. ec. js. edu. cn/art/2013/12/12/art_ 4267_ 140530. html

完善的地方。其一，该文件规定的八个程序有利于教育政策在制定阶段的程序规范化与有序化，向过程正义迈进了重要一步。但对各个环节应当具体如何实施没有明确的规定，因而需要进一步细化。其二，具有正义品质的政策程序应当是高效的，这意味着各个环节需要有一个特定的时间界限，以防止各个环节的拖延或迟滞。因此，这八个程序环节需要有具体的时间限定。

当前，全国教育系统内部类似的重大行政决策程序规定尚不算多，许多地方教育行政部门在制定政策过程中，主要依据地方政府出台的重大行政决策程序规定。这虽然有利于推进教育政策的过程正义，但教育政策相对于公共政策而言有特殊的内容伦理诉求，这就要求相关主体在程序设计上不能对公共政策程序照搬照抄，而要根据其特殊性制定符合教育政策过程正义的重大行政决策程序规定。此外，很多省级、市级地方政府重大行政决策程序规定主要对政策的制定环节进行了规定和规范，但这只是政策过程三大环节之一，要真正促进学前教育政策的过程正义，还需要对政策实施、政策评价环节有明确的规定和规范。

（三）过程适时监控

在实践中，虽然有良好的过程正义愿景，有适宜的程序制度规定，但由于政策内外部条件与环境等的变化，学前教育政策主体在学前教育程序推进的过程中可能偏离预定航线。因此，要实现学前教育政策过程正义，必须对学前教育过程的各个环节进行适时监督。

在适时监控过程中，监控主体要重点查看学前教育政策过程的各个环节的运行有没有按照程序制度的规定有序开展，有没有出现偏离正当程序的情况，同时将监督结果及时向社会反馈。开展监督的主体应由第三方机构或群体组成，避免自我监督的情况发生。如此一来，学前教育政策的过程适时监督是一种独立于政策过程又平行于政策过程的活动，既能保证与政策过程的步调基本一致，又能实现监督的客观公正性。

过程适时监督除了能及时了解各个环节的运转情况中外，还有促进程序反思的重要作用。学前教育政策过程正义是一种追求，只要还有学前教育政策活动，对可能更好的学前教育政策过程的诉求就不会停止。在学前教育政策过程中，人的理性是有限的。这就决定了学前教育政策程序总有需要完善的地方。"人的有限理性制约教育政策的完备性"。① 学前教育政策过程完善的前提是发现了已有的不足，并找到了可能的方案，而这些都源于对政策过程、程序的反思。对程序进行反思具有重要意义，特别是处于社会变革发展的过程中，反思程序就更具有重要性。② 反思过程和程序的重要性或许就在于通过反思过程促进过程完善，并走向过程正义。

要实现学前教育政策过程正义，还需要政策主体的积极作为，成为负责人的主体。否则，政策主体可能破坏过程正义。同时，完美的政策过程在实践中总是难以找到，这意味着政策过程可能总是存在不足或漏洞，而政策主体可能利用这些不足或漏洞实现个人的利益，最终有损政策的伦理正当性。这就涉及学前教育政策主体的伦理规范，笔者将在后续部分进一步论述。

---

① 江红霞. 简论教育政策制定中人的有限理性 [J]. 教学与管理, 2006 (9): 3-4.
② 季卫东. 法律程序的意义——对中国法制建设的另一种思考 [J]. 中国社会科学, 1993 (1): 83-103.

第五章　基于责任担当的学前教育政策
主体伦理正当性

任何政策都是由政策主体制定和创造出来，并由主体加以实施、评价和终结的。从这一角度看，学前教育政策是政策主体做什么、不做什么以及如何做的过程。从政策问题认定、政策信息筛选、决策活动、政策手段的使用等，全部的政策过程都可以看作是政策主体主动开展和推进的选择活动。[①] 由此可见，政策主体对学前教育政策而言是必不可少的。学前教育政策的主体伦理是学前教育政策主体应当遵循的道德规范。没有主体伦理，学前教育政策的内容伦理和过程伦理可能难以实现。学前教育政策主体需要遵循责任担当的道德规范，从而为内容伦理和过程伦理的实现创造条件。

一、学前教育政策主体伦理解析

在哲学意义上，主体是与客体相对应的概念，是对客体有认识

---

① 刘复兴. 教育政策的价值分析 [M]. 北京：教育科学出版社，2003：41 - 42.

和实践能力的人,是客体的认识者与实践者。人在认识和实践过程中,并不是孤立的个体,其具有社会性。马克思曾指出:"人的本质并不是单个人所固有的抽象物。在其现实性上,它是一切社会关系的总和。"① 因此在现实中,人常常结合成团体或组织,以团体或组织的形式参与到实践过程中。

对公共政策而言,其政策主体通常是指参与政策过程的团体、组织或个人。学前教育政策主体则是参与学前教育政策过程的团体、组织或个人。在不同的历史时期,针对不同的政策活动,政策主体往往不尽相同。因此,有必要首先明确学前教育政策主体可以划分为哪些组成部分,在此基础上才能更好地明确学前教育政策主体伦理的内涵与意义。

（一）学前教育政策主体的构成

就公共政策而言,基于不同的视角与标准,人们对政策主体的构成有多种认识,比较具有代表性的是"二分法"和"三分法"。有学者基于政策主体的身份特征等,认为政策主体包括官方决策者与非官方决策者两大类。② 有学者根据政策主体在政策过程中的地位与影响程度等,认为政策主体包括直接主体和间接主体两大类。③ 有学者根据公共政策运行阶段的角度,认为政策主体包括政策规划、制定主体,政策实施、执行主体,政策评估主体三大类。④ 有学者

---

① 马克思,恩格斯.马克思恩格斯选集:第一卷［M］.北京:人民出版社,1972:18.
② 〔法〕詹姆斯·E.安德森.公共政策［M］.唐亮,译.北京:华夏出版社,1990:44-58.
③ 宁骚.公共政策学［M］.北京:高等教育出版社,2003:233.
④ 严强.公共政策学［M］.北京:社会科学文献出版社,2008:41.

根据政策主体的权力合法性程度，认为政策主体包括国家公共法权主体、社会政治法权主体和社会非政治法权主体三大类。① 就教育政策主体而言，比较有代表性的有"两分法""三分法"和"四分法"。有论者根据政策主体的影响力将教育政策主体分为教育政策官方主体和教育政策非官方主体。② 有论者根据教育政策归谁所属将教育政策主体分为决策主体、咨询主体和参与主体。③ 有论者基于政策运动的全过程将教育政策主体可分为决策主体、执行主体和评价主体三个组成部分。④ 有论者根据政策主体的主体性价值的差异，将教育政策主体分为制定主体、实施主体、对象主体和评价主体。⑤ 之所以不厌其烦地罗列人们对政策主体或教育政策主体的划分，意在表明政策主体的多元性与广泛性。在探索学前教育政策主体构成时，需要关注这些主体来源的复杂性。

虽然上述政策主体或教育政策主体划分标准各异，但从其划分的结果却可以看出政策主体具有如下特点。其一，在政策的不同阶段，参与政策的主体是不一样的。在政策展开的不同环节，因每个环节工作的任务和重心有差异，参与的主体自然不同。如在政策制定环节，需要政策利益相关者的广泛参与，参与主体群策群力，方能使政策文本更加完善。而在政策执行环节，则主要依靠促进政策有效推行的主体。其二，在政策的某个特定阶段，政策主体因社会

---

① 张国庆. 现代公共政策导论 [M]. 北京：北京大学出版社，1997：34.
② 范国睿. 教育政策的理论与实践 [M]. 上海：上海教育出版社，2011：48 – 53.
③ 祁型雨. 论教育政策的主体 [J]. 教育理论与实践，2000（7）：16 – 18.
④ 刘永芳. 价值范式及其对教育政策主体的价值分析 [J]. 扬州大学学报（高教研究版），2004（3）：7 – 10.
⑤ 谭净. 教育政策主体分类说 [J]. 教育理论与实践，2015（10）：27 – 30.

分工而承担着不同的角色。就学前教育政策而言，如在政策执行环节，学前教育机构、教师等主体主要承担政策的落实工作，各级政府、教育行政部门主要承担政策的推行、管理、监督等工作。其三，在政策过程中，虽然所有主体都有平等的权利参与政策各环节，但不同主体对政策的影响力却各不相同。

就教育政策而言，之所以会有上述特点，主要源于两个方面的原因。一是教育政策过程的动态性特征。教育政策的内外部环境都处于变化发展之中，在此过程中，不同环节要求参与的组织、机构或群体就会发生变化，某些主体在政策的某个阶段完成了应有的任务，就会退出政策过程，而某些主体因为政策的需要，又必须加入该政策过程之中。因此，政策过程的动态性决定了政策的主体不会是一成不变的。二是对政策中公共权力的分配不一致。在政策过程中，有的主体享有公共权力，如立法机关、行政机构等，而有的主体不享有公共权力，如智库、个人等。政策主体对公共权力的是否享有往往决定了其对政策的影响力和贡献度。

基于对政策动态的理解和对公共权力的是否享有，笔者拟将过程维度视为纵向维度，将权力维度视为横向维度，并将过程维度与权力维度结合起来探析学前教育政策的主体构成，以求更深入地把握学前教育政策主体的复杂性。从过程的角度看，学前教育政策主体可以划分为制定主体、实施主体和评价主体。从是否享有政策内含的公共权力的角度，似乎可以将学前教育政策主体分成公共权力享有主体和公共权力不享有主体。学前教育政策公共权力主体是指能够享有、行使和代表公共权力的组织机构。在我国，学前教育政策公共权力主体包括立法机构和行政机构，如制定教育行政法规的国务院，制定地方性教育法规的省级人民代表大会及其常务委员会，制定教育部门规章的教育部，制定地方教育政策规章的省级人民政府，以及推进政策实施的各级教育行政部门等。学前教育政策公共权力不享有主体主要包括咨询团体、幼教机构、社会团体、群众或个人，以及大众媒体等（见表5－1）。

表5－1　学前教育政策主体构成

政策过程 ＼ 公共权力	享有	不享有
政策制定	国家权力机构、各级政府等	咨询团体、群体代表等
政策实施	各级政府、教育行政部门等	学前教育机构、教师等
政策评价	国家权力机构、各级政府、教育行政部门等	社会团体、群众、媒体等

（二）学前教育政策的主体伦理

学前教育政策是主体依据特定程序制定、实施和评价规则的过程，政策主体的每一次政策行动、每一个政策行为都会对政策的有效性产生极大影响。与其他任何一项政策系统一样，教育政策具有明显的个人因素，这意味着教育政策的道德性会受到政策主体自身利益的影响。① 政策主体的行为是否合理恰当受多种因素的影响，要保证学前教育政策主体行为的正当性，就需要有恰当的主体道德规范。

学前教育政策主体伦理是对学前教育政策主体的道德规范。由于学前教育政策主体包括团体、组织或机构，又包括群众或个人，

---

① 孙艳霞. 教育政策道德性研究——义务教育城乡差距的归因与路径探析［D］. 长春：东北师范大学，2006.

因此，学前教育政策的主体伦理不只是针对政策个人的道德规范。凡是学前教育政策的主体，无论其对学前教育政策影响力的大小，无论其对学前教育政策的作用方式是直接的还是间接的，无论其在学前教育政策过程中是否享有公共权力，都应当对其进行适当的道德规范。同时，学前教育政策主体伦理的作用范围是政策的整个过程，只要其身处政策过程中，无论其政策行动是否已经展开，都应当遵守相应的道德规范。就政策过程而言，由于政策主体要根据特定的伦理标准对政策方案进行判断、筛选和执行，因此政策过程不单单是一个行政过程，同时也是一个伦理过程。① 要促使学前教育政策过程成为伦理过程，需要主体伦理的全程约束与引领。

学前教育政策的主体伦理不同于作为社会一般主体的伦理。对作为社会一般主体的伦理通常包括善良、诚信、勇敢、节俭、勤劳、谦和、敦厚等道德规范，这是人之为人并成为一个良善之人的基本道德要求。拥有这些基本道德规范的主体进入政策过程中当然有助于政策的推行，但这些规范并不能体现政策活动的特殊性。因此，我们需要将学前教育政策的主体伦理与作为社会一般主体的伦理加以区分。

学前教育政策主体可以划分为公共权力享有主体和公共权力不享有主体。因公共权力的价值与功用，公共权力享有主体比不享有主体对政策活动的影响力要大许多。如前所述，学前教育政策主体伦理是学前教育政策主体在政策过程中应当遵守的道德规范。因此，学前教育政策的主体伦理应突出强调对公共权力享有主体的道德规

---

① 许淑萍. 公共政策伦理评价标准的演进及当代探究 [J]. 上海行政学院学报，2012 (4)：27 - 33.

范。学前教育政策的公共权力理应促进学前教育领域的公共利益，然而这往往是一种理想状态，因为学前教育政策主体在行使公共权力可能出现权力腐败、闲置或浪费等情况，致使学前教育领域的公共利益受损。一旦权力与运用它的主体相结合，权力的运行方式就存在差异，由此导致的运行结果也各不相同，这些运行结果具有善与恶的不同区分。① 权力本身是中性的，不具有好坏或善恶的属性，但是权力主体在使用权力的过程中却可以通过权力释放出善或恶的力量。因此，学前教育政策主体行使公共权力过程中需要道德约束，而这通常是通过政策主体伦理来实现。这意味着只有在主体伦理规范与引导下，学前教育政策主体才能实现权力主体与道德主体相统一，从而达成对公共权力的善好利用。

二、学前教育政策主体伦理的外在表现

在学前教育政策过程中，主体伦理有其特定的外在表现，明确这些外在表现，能在一定程度上防止政策主体的现实不足，并基于此完善学前教育政策的主体伦理诉求，以求重建学前教育政策的伦理正当性。

（一）学前教育政策主体积极作为

学前教育政策主体的积极作为是一种具有事业责任感的体现，也是促进政策有效推进、提升政策效益的主观条件。在教育政策过

---

① 高力. 执政主体伦理分析［J］. 云南大学学报（社会科学版），2010（2）：30－33.

程中，其政策制定、实施等的效果取决于政策主体积极性和创造性的发挥，而政策主体积极性和创造性的发挥又通常取决于政策主体是否诚信、负责等道德水平。① 只有转变政策主体不积极的作风，方能彰显学前教育政策的伦理精神。

在学前教育政策过程中，如果学前教育政策主体不积极作为，将会影响政策文本的质量，导致政策文件缺乏长远的预测性与规划性，这是对学前教育实践问题一种"头痛医头、脚痛医脚"式的应对。有论者对学前教育领域的50余部政策文件进行分析指出，这些文件体现出制定过程中随机因素突出的特点，反映了有些政策出台之前缺乏扎实的调查和研究，从而成为应对当时学前教育实践问题的"急就章"。② 可见，要重建学前教育政策的伦理正当性，促进学前教育事业的有效发展，必然要加强对学前教育政策主体的伦理规范，使学前教育政策主体积极作为。

（二）学前教育政策主体勇于担当

在学前教育政策过程中，政策主体勇于担当是主体伦理的基本表现。以第二期学前教育三年行动计划为例，省级、市级、县级的第二期学前教育三年行动计划的制定过程中，主体勇于担当的现象比较普遍。教育部于2014年1月下发的《教育部2014年工作要点》明确指出："启动实施第二期学前教育三年行动计划。"③ 这意味着

---

① 石火学. 和谐社会建设中教育政策伦理的选择［J］. 高等工程教育研究，2007（1）：44 – 46.

② 程晓明. 对中央政府有关幼儿教育政策文件的分析与建议［J］. 学前教育研究，2014（1）：36 – 42.

③ 教育部2014年工作要点［EB/OL］. 中华人民共和国教育部官网，2014 – 01 – 22.

国家在实施了第一期三年行动计划之后，会继续推行三年行动计划，省级、市级、县级相关政策主体对此积极行动。笔者在对四川部分县（区、市）教育行政部门学前教育事业负责人的调查中发现，他们在《教育部 国家发展改革委 财政部关于实施第二期学前教育三年行动计划的意见》出台之前，对要继续推行三年行动计划完全知晓。并且在实践中，省级、市级、县级的第二期学前教育三年行动计划大都在《教育部 国家发展改革委 财政部关于实施第二期学前教育三年行动计划的意见》之后不久出台。此外，《教育部 国家发展改革委 财政部关于实施第二期学前教育三年行动计划的意见》要求各省（区、市）第二期学前教育三年行动计划经省级人民政府批准后报教育部。经省级人民政府批准通常意味着各省（区、市）第二期学前教育三年行动计划正式出台。在此过程中，省（区、市）相关政策主体勇于担当，促进了省（区、市）第二期学前教育三年行动计划的出台与实施（见表5-2）。

表5-2 全国部分省（市、区）第二期学前教育三年行动计划公布时间

省（市、区）	第二期学前教育三年行动计划公布时间
浙江	2014.10.08
黑龙江	2014.10.21
陕西	2014.10.26
海南	2014.12.26
贵州	2015.01.14
山东	2015.01.29
广东	2015.02.26
四川	2015.03.10
甘肃	2015.03.17

续表

省（市、区）	第二期学前教育三年行动计划公布时间
广西	2015.03.31
重庆	2015.03.31
宁夏	2015.04.06
河南	2015.04.28
江西	2015.05.12
内蒙古	2015.05.18
湖南	2015.06.02
新疆	2015.06.16
湖北	2015.07.27
辽宁	2015.09.08
福建	2015.09.28

注：数据来自各省（市、区）政府官网或省（市、区）教育主管部门官网。由于在部分省（市、区）政府官网和教育主管部门官网上没有找到第二期学前三年行动计划，故而没有罗列。

（三）学前教育政策主体行动结果完善

学前教育政策主体的行动结果在不同的政策阶段表现出不同的形式。如在政策制定环节，行动结果可通过政策文本的出台表现出来；在政策执行环节，行动结果可以通过政策效益表现出来；而在评价环节，行动结果则可通过评价报告表现出来。其中，政策制定环节的主体行动结果常常备受关注。

在政策制定环节，其行动结果通常为政策文本。政策文本要体现政策主体行动结果完善，常常表现在以下方面。其一，政策语言表述准确。学前教育政策文本是通过语言组合而成，政策语言是政策文本的基本成分。教育政策文本借助于语言来进行表达，要研究教育政策，就应当分析教育政策的话语内涵。① 政策语言的准确性直接影响政策的理解与运用，进而影响政策的价值与效益。其二，政策表述完整。一个完整的政策表述由多个要素组成。有论者指出："一个语法逻辑上完整的公共政策表述可以概括为：现实事态为 A，它符合价值标准 B，因此应当采取行动 C，遵从与否的后果是 D。"② "现实事态 A"是对现实情况的概括，以便人们对既定现实有足够的认识。"价值标准 B"是一种目标追求，以便人们知晓行动的方向。"应当采取行动 C"是为了达到预定目标的方法、策略与行为的总和，以便人们知晓如何行动。"遵从与否的后果 D"是要明确行动的后果，以便在政策行动结束后对政策主体进行评价。因此，这四个方面是一个完整的体系。在此需要指出的是，"遵从与否的后果 D"十分重要。如果政策文本没有"遵从与否的后果"，政策实施主体在政策行动结束后该如何评价、该如何奖惩就可能没有标准，如此也将影响政策的权威性和威慑力，从而导致政策实施主体积极性不强、责任感不足等问题。

总之，行动结果完善是学前教育政策主体勇于担责、敢于负责的表现，也是人们评价学前教育政策主体伦理精神的重要指标。

三、学前教育政策主体的责任伦理

学前教育政策主体的伦理问题反映出政策主体对学前教育领域

① 李钢. 话语 文本 国家教育政策分析 [M]. 北京：社会科学文献出版社，2009：13.

② 杨正联. 公共政策文本分析：一个理论框架 [J]. 理论与改革，2006（1）：24－26.

的公共利益欠负责、欠担当的伦理现状。要改变这一现状，学前教育政策主体需要以责任担当为伦理诉求，积极致力于学前教育领域的公共利益。并且，以责任担当作为学前教育政策主体的伦理规范，才能引导学前教育政策主体在政策过程中成为负责任、敢担当的主体。

（一）学前教育政策主体责任的内涵

学前教育政策主体责任担当是一种责任伦理。要明确主体责任担当的含义，首先要明确责任的具体内涵。在《说文》中，"责"被释为"求也"，后来"责"被引申为诛责、责任。有论者概况出"责"在古汉语中有六种含义：一是求、索取；二是诘难、非难、谴责；三是要求、督促；四是处罚、处理；五是义务、责任、负责；六是债。① 在现代汉语中，"责"的含义似乎更集中、更具连续性。《现代汉语词典》对"责"的释义有四：一是责任，二是要求做成某件事或行事达到一定标准，三是诘问、质问，四是责备。其对"责任"的释义有二：一是分内应做的事，二是没有做好分内应做的事，因而应当承担的过失。② 综合古代汉语和现代汉语的释义，责任应当包含三个相互联系的基本含义：首先，责任与特定的职务相连，因主体身处某一职务，便拥有某些权项与职责，这是职务与职责的相互匹配性，恰如人们常说的"一个萝卜一个坑"。孔子说："在其位，谋其政。"因此，责任是主体应当完成的、与权项对待的分内的事。其次，主体对分内之事的完成情况有一个评价标准，这

---

① 王成栋. 政府责任论［M］. 北京：中国政法大学出版社，1999：2-3.
② 中国社会科学院语言研究所词典编辑室. 现代汉语词典［M］.5版. 北京：商务印书馆，2005：1702.

意味着主体完成分内之事的情况好坏有客观依据，而不是主观臆断。再次，根据评价标准评判主体行为结果，如果没有达到标准，需要承担过失。

在西方责任理论中，责任与自由等紧密相关。在德国学者康德（Immanuel Kant）看来，善良意志是一个无条件善的东西，是一种自律意志。责任就源于善良意志，是对善良意志的体现，也因而具有先天性、强制性、必要性和崇高性等特点。行为是否道德要看其是否出于责任，"只有出于责任的行为才具有道德价值"①。康德将自由视为人的本质，而责任是自由的条件，人通过责任实现意志的自律，而这种自律体现出自由的特质。法国学者萨特（Jean Paul Sartre）基于存在先于本质的论述，认为人是自由的，人可以自由做出各种选择。然而自由并不是孤立的，自由与责任相互联系，因为人要对自己的选择承担责任。"绝对的责任不是从别处接受的：它仅仅是我们的自由的结果的逻辑要求。"② 由此可见，自由与责任联系紧密，甚至不能相互分离。英国学者哈耶克（Friedrich August Hayek）从否定性的角度出发，认为对某个人而言，自由所要求的并非他人以某种方式的作为，而是他人以某种方式的不作为，这意味着一个人的自由是对他人作为的否定。在此过程中，由于人与人之间的联系，个人需要为自己的自由承担责任，这也是对他人负责的表现，是自由社会道德基础的根本体现。"自由不仅意味着个人拥有选择的机会并承受选择的重负，而且还意味着他必须承担其行动的后果，

---

① 〔德〕康德．道德形而上学原理 [M]．苗力田，译．上海：上海人民出版社，1986：49．
② 〔法〕萨特．存在与虚无 [M]．陈宣良，等译．北京：生活·读书·新知三联书店，1987：708．

接受对其行动的赞扬或谴责。自由与责任实不可分。"① 由此可见，在西方责任理论中，责任并非孤立存在。

由于西方责任理论十分丰富，笔者无法也无意对其系统梳理，并且这也不是本研究的重点。但从已有论述中可以看出，责任是对人的道德约束，是人道德属性的基本体现。"人与其他生物之间的一个重大区别在于，只有人才能对他们所做的事负起道德上的责任。"② 同时，责任与自由常常结对出现，这意味着二者的密切联系：恰如无责任的自由是不道德的、无法实现的一样；无自由的责任也是如此。由此，在思考政策的责任伦理时，需要关照自由与责任的关系。

综合中西对责任的认识，学前教育政策主体的责任是学前教育政策主体在身居特定职务时应当完成的、与权项对等的分内的事。由于政策主体享有一定权项，其在该权项范围内主体享有自主行动的自由，但若没有完成分内之事，主体将受到相应的问责。

（二）责任伦理与信念伦理

强调学前教育政策主体在政策行动过程中要遵循责任担当的规范，这其实是一种责任伦理的体现。"责任伦理"作为一个概念出现源于马克斯·韦伯。1919 年，韦伯在题为"以政治为业"的演讲中，首次提出了"责任伦理"（Die Ethik der Verantwortung），并对信

---

① 〔英〕哈耶克. 自由秩序原理 [M]. 邓正来，译. 北京：生活·读书·新知三联书店，1997：83.
② 〔美〕约翰·马丁·费舍，马克·拉维扎. 责任与控制———一种道德责任理论 [M]. 杨韶刚，译. 北京：华夏出版社，2002：1.

念伦理（又称良知伦理）进行了区分。① 针对当时政治家只在意如何运用权力而不关注其运用后的行为结果的现象，韦伯提出了超越信念伦理的责任伦理。"责任伦理"一经提出，就广泛影响着学界对责任的认识，并持续至今。

韦伯的责任伦理是对现代社会伦理问题的应对。在韦伯看来，现代社会是一种祛魅的社会，理性的光辉已经驱散了信仰的束缚。人们寻求道德依托已经从外在的神变为了作为道德主人的自己。因此，行为的责任也不应让身外之物来承担。韦伯曾提出："一个行为的伦理价值，要从何得到决定？从其成果？或是从行为本身所具有的某种（伦理上的）内在固有价值？"② 这其实体现了责任伦理与信念伦理的差异。如果基于信念伦理，行为的伦理价值就在于行动者自己的信念、意图、心情和主观愿望等。因此，信念伦理可以不考虑行为的结果，而只在乎行动者目的的道德性。责任伦理则强调一个行为的伦理价值在于行为的结果，并要求行动者为自己的行为结果承担责任。而一切有伦理取向的行为，都要么受到信念伦理的支配，要么受到责任伦理的支配，二者是相互对立的。

在韦伯看来，只强调信念伦理是一种不负责任的表现，在实践中可能带来严重后果，而这一严重后果可能会因行动者对纯粹、美好信念的倚重而被忽视。"如果有人在一场信仰之战中，遵照纯粹的信念伦理去追求一种终极的善，这个目标很可能会因此受到伤害，失信于好几代人，因为这是一种对后果不负责任的做法，行动者始

① 〔德〕马克斯韦伯. 学术与政治［M］. 冯克利, 译. 北京：生活·读书·新知三联书店, 2013：107.
② 〔德〕马克斯·韦伯. 韦伯作品集（Ⅴ）：中国的宗教/宗教与世界［M］. 康东, 等译. 桂林：广西师范大学出版社, 2004：524.

终没有意识到，魔鬼的势力也在这里发挥着作用。"① 并且，即使意识到了行动带来的罪恶结果，他会因纯粹的信念而认为责不在他。而信奉责任伦理的行动者，会主动思考自身存在的不足，从而主动担责，而不会推卸责任，也不会让他人承担不良后果。

由于伦理学中的目的论十分强调结果的价值，而韦伯的责任伦理强调行动的结果，以至于在解读过程中存在将责任伦理划入目的论的范畴的可能。然而，责任伦理却不是目的论的伦理理论，而更接近道义论的范畴。责任伦理强调结果意在突出行动者行动过程、方式、手段等的正当性。因为只有如此，才可能保证结果的善好状态，这与道义论对过程、手段等的强调是一致的。这也在一定程度上彰显了过程伦理与主体伦理的紧密联系。

虽然韦伯看重责任伦理的价值，但他并没有否定信念伦理的意义。韦伯并不认为信念伦理和责任伦理是绝对的相互排斥的关系，相反，一个看重责任伦理的行动者，也要在其行动中符合信念价值。"就此而言，信念伦理和责任伦理便不是截然对立的，而是互为补充的，唯有将两者结合在一起，才构成一个真正的人——一个能够担当'政治使命'的人。"② 这意味着信念伦理和责任伦理可以整合在一个人的行动之中，过于强调二者的对立或只取其一作为行动的伦理价值源泉，都可能导致行动过程和结果的不完善。在此意义上，道义论和目的论的伦理取向在实践中的融合与统一可以通过负责的、能够担当政治使命的人来实现。

---

① 〔德〕马克斯·韦伯. 学术与政治 [M]. 冯克利，译. 北京：生活·读书·新知三联书店，2013：115.

② 〔德〕马克斯·韦伯. 学术与政治 [M]. 冯克利，译. 北京：生活·读书·新知三联书店，2013：116.

韦伯的责任伦理为探索学前教育政策主体伦理提供了思想基础。

其一，学前教育政策主体的伦理问题在一定程度上源于政策主体没有对行动结果承担责任。如前所述，诸如学前教育政策主体作为欠积极、学前教育政策主体担当精神不足、学前教育政策主体行动结果不完善、学前教育政策主体承诺未如期实现等问题，对学前教育事业的良好发展和学前儿童的健康成长存在负面影响，是学前教育政策主体没有做好分内之事的现实体现。然而在政策过程中，鲜见有相关主体承担责任的情况。而责任伦理强调对自己行为可预见的后果承担责任，恰恰能有效改变学前教育政策中主体没有承担相关责任的现状，实现对学前教育政策主体伦理问题的治理，并引导政策主体成为具有责任伦理、敢于责任担当的主体。

其二，信念伦理和责任伦理的结合统一对有效处理学前教育政策主体伦理与内容伦理、过程伦理关系具有借鉴意义。韦伯强调信念伦理和责任伦理的结合，反对将二者对立起来。责任伦理是行动者的行动准则，强调行动者对责任的担当。但是，对行动者而言，其合乎伦理道德的行动不能仅仅源于对因失职而要承担责任的顾虑。如此一来，为何要负责对一个行动者而言依然是个问题，没有得到完满解答。因此，要完满解答这一问题，就需要责任伦理与信念伦理的结合，给行动朝着善好方向发展的道德牵引，这一道德牵引就包含信念伦理。信念伦理为行动者的行动提供善的源泉，使行动者在采取行动时动机与信念更为纯正，使为何要负责的理由更为充足和正当，使行动者在行动过程中更具主动性、创造性和责任感。对学前教育政策而言，主体伦理能够让政策主体做好分内之事，使主体免于失职的责任追究。但为何一定要负责的疑问依然存在，只有通过内容伦理与过程伦理，让政策主体知晓自己所从事的任务是一项善业，是为了幼儿的美好生活、学前教育的公平发展、政策过程的正义等。如此一来，学前教育政策主体在政策过程才会更具创造性和责任心，从而将"要我负责"的被动状态转为"我要负责"的主动状态。

（三）基于责任担当的学前教育政策主体伦理

责任担当就是对公共事物处理、公共利益划分等应当遵循的伦理规范。只要关涉公共利益，主体需要遵循的责任伦理就变成了一种责任担当。

学前教育政策主体的责任担当是对政策主体的伦理规范。学前教育政策主体的责任与其所处的职务是相匹配的，身处其位的主体都知晓如果没有完成分内之事要承担的过失，而过失的具体内容与严重性往往由包括社会法律体系在内的一系列外在的社会规范进行规定。责任伦理作为一种社会伦理，已经成为连接个体内在道德规范和社会外在法律体系的中间桥梁。[①] 由于责任伦理强调要对行动结果的承担责任，这意味着在开始行动之初，政策主体就要预先考虑行动的结果以及不同结果应当承担的责任。如果未能顺利完成分内之事，那就必须承担行动不当导致的过失。由于是否承担责任事关政策主体的切身利益，社会规范严厉性和约束性也会具有一定的威慑力，因此这些可能会承担的过失对政策主体而言是一种警示、一种正告，也是一种劝勉，从而使政策主体在政策的过程中尽忠职守，尽力做好分内的事。因此，对责任担当的强调在很大程度上强

---

① 毛羽. 凸显"责任"的西方应用伦理学——西方责任伦理述评 [J]. 哲学动态，2003（9）：20-24.

化了政策主体的责任意识与责任信念。责任担当是保证政策主体行动结果可能善好的道德条件。如若没有责任担当或责任担当不完善，就不需要行动主体为自己的行动结果担责。在此情况下，要让政策行动带来良好结果可能就得凭借运气。可见，失去了责任伦理的规范，期待行动结果善好的愿望可能落空。

学前教育政策主体的责任担当是对政策主体的伦理评价。责任担当内在地含有评价的标准，要求政策主体积极作为、敢于担当、信守承诺、履职尽责、真抓实干。而如果政策主体在行动中等待观望、不敢担当、承诺放空、玩忽职守、滥用职权等，通常就被视为对学前教育事业发展和学前儿童成长不负责任，是一种缺乏责任担当的表现。学前教育政策主体的责任担当要求主体承担其特定的职责，并将其职务的分内工作做好，否则将被要求为如此行为的结果担责。因此，强调学前教育政策主体的责任担当，不仅要让主体具有责任意识，还要求在此基础上完成责任担当。"信奉责任伦理的人，就会考虑到人们身上习见的缺点——他没有丝毫权利假定他们是善良和完美的，他不会以为自己所处的位置，使他可以让别人来承担他本人的行为后果。"[①] 在此意义上，学前教育政策主体的责任担当是责任意识与责任现实在政策主体身上的内在统一与整合。

学前教育政策主体的责任担当是对政策主体的道德引领与完善。责任担当要求学前教育的政策主体主动且必须为各自的行动结果承担责任，促使其反思自身的不足，反思行动的策略，从而提升自身的能力与道德水平，以便在政策过程中减少过失，让自己的行为符

---

① 〔德〕马克斯·韦伯. 学术与政治［M］. 冯克利，译. 北京：生活·读书·新知三联书店，2013：108.

合既定要求，符合责任伦理内在的相关标准，不出现相关规定不允许的行为。在此情况下，责任担当是对政策主体的道德引领，并不断促使政策主体的道德完善。学前教育政策主体的责任伦理彰显出政策过程的道德属性。"责任伦理是关于行为过程整体的伦理，是包括事前、事中、事后，或者行为的决策、执行、后果的全过程伦理。"① 责任伦理虽然强调为行动结果担责，但并不仅仅是为结果，对责任担当的强调是为了防止行动结果的不良倾向，从而向着善好的愿景进发。由于行动结果源于行动过程，责任担当因而强调对政策过程的关注，以防止政策主体出现未做好分内之事的情况出现。就此而言，强调学前教育政策主体的责任担当不仅对政策的利益相关者充满伦理关怀，让这些利益相关者在政策过程中真正受益，而且对政策主体也具有明显的伦理关怀，让他们尽可能免于过失，免于惩处，并最大限度地出色完成自己的职责。

四、学前教育政策主体责任伦理的实现

要促使学前教育政策主体责任担当的实现，需要主观和客观两个方面的条件。就主观条件而言，要着眼于学前教育政策主体责任素质的提升；就客观条件而言，需要建立健全责任机制。

（一）提升政策主体责任素质

学前教育政策主体在政策过程中能否做好分内之事，很大程度

---

① 毛羽. 凸显"责任"的西方应用伦理学——西方责任伦理述评 [J]. 哲学动态, 2003 (9)：20-24.

上取决于政策主体责任素质的高低。"提高政策主体的素质是提高政策道德性的根本。"① 由此可见责任素质的重要性。要使学前教育政策主体责任伦理得以实现，首先就要提升政策主体的责任素质。责任素质是政策主体责任意识、责任信念和责任能力的综合体现，要提升政策主体的责任素质可从以下三个方面入手。

1. 激发责任意识

对学前教育政策主体而言，责任意识通常是指其清楚明白自己在政策过程中占据何种岗位、承担何种职务、具有何种职责、完成哪些分内之事、承担哪些过失责任，并能自觉履行社会职责、做好分内之事、规避行动过失的自觉意识。有了责任意识，政策主体才能将政策中的权力合理运用。"符合道德地行使权力，需要相当熟练的技巧、自我意识和努力。"② 责任意识在实际的行动中表现为一种责任认同，即认定是属己的分内之事而非别人的分内之事。

有了责任意识，才可能避免政策主体在政策过程等待观望、不敢担当、互相推诿、承诺放空、玩忽职守、滥用职权等情况的发生，要使政策主体具有强烈的责任意识，首先就要让政策主体明确职责分工，避免职责交叉或职责不清等情况的发生，然后让其明确没有做好分内之事应当承担的过失责任，给予其过失警示，如此才可能将外在的责任规范内化为自身的责任意识。

2. 强化责任信念

有了责任意识虽然可以在一定程度上预防政策主体行动失职的情况发生，但仅在责任意识牵引下的责任行为有可能是一种被动和

---

① 孙彩平. 教育的伦理精神. 太原：山西教育出版社，2004：289.
② 〔美〕弗朗西斯·C. 福勒. 教育政策学导论［M］. 2 版. 许庆豫，译. 南京：江苏教育出版社，2007：45.

消极的行为。在现实中，部分主体就仅仅是因为忌惮没有做好分内之事应当承担过失责任才表现出责任行为。这其实与责任担当的主体伦理诉求相去甚远。因此，要使被动、消极的责任行为转变为主动、积极的责任行为，还需要责任信念。责任信念是主体对责任担当的坚定决心，是主体责任感的源泉，是主体责任担当的内在动力。有了这一动力，主体才会以主人翁的姿态投入政策过程中，才会在政策行动中有成就感、事业感，才会积极作为、敢于担当、开拓进取、尽职尽责、真抓实干。

责任信念是政策主体道德性品质的体现。学前教育政策伦理诉求的实现需要基于政策主体伦理的提升。通过提升教育政策主体诚信、负责等道德品质，主体能够将外在强制的规范转化为内在自觉的约束，教育政策伦理目标的达成就更具可能性。① 有了责任信念，主体在行动中首先考虑的不是没有完成分内之事要承担何种过失，而是自己的行动是否对得起自己的良知、对得起自己从事的这份事业。由此，主体被动、消极的责任行为才可能转变为主动、积极的责任行为。从自由与责任的关系看，责任意识是对主体自由的消极限制，而责任信念是对主体自由的积极促进。

3. 提升责任能力

当然，有了责任意识和责任信念，政策主体在行动中依然可能做不好分内之事。究其缘由，政策主体责任能力不足是其重要原因之一。责任能力是根据职务、职责规定顺利完成分内之事的能力。在政策过程中，要顺利完成分内之事，就需要政策主体对政策环境

---

① 彭华安. 教育政策伦理及其价值诉求 [J]. 教育理论与实践，2010（34）：28 – 30.

有足够的认识，对政策方案有充分的理解，对政策手段有良好的选择。因此，对学前教育政策主体而言，责任能力是一种使政策过程有序推进、政策目标顺利实现、政策效益充分展现的综合能力。

学前教育政策主体责任素质的高低取决于责任意识、责任信念和责任能力的综合水平。在政策过程中，需要通过多种途径加强主体的责任意识，确立主体的责任信念，提升主体的责任能力，以便为政策主体责任伦理的实现创造良好的主观条件。

（二）完善政策主体责任制度

政策主体责任担当的实现不能仅靠主观体现，还需要良好的客观条件。完善的政策主体责任制度是实现责任伦理最重要的客观条件。完善的政策责任制度包括良好的责任分化制度、合理的责任承担制度和有效的责任监督制度。

1. 责任分化制度

因政策环境的复杂性，一个完整的学前教育政策过程充斥着种类繁多的任务，如果没有合理的责任分化制度，势必影响责任的落实。在学前教育政策中，良好的责任分化制度意味着学前教育政策领域中的责任划分合理，责任分摊明确，责任分工有效，从而有效防止责任重叠、责任放空、责任无主等现象。

良好的责任分化制度是防止公共权力过于集中的有效方式。在政策中，需要承担的公共责任与应当享有的公共权力应该是对等的，不应存在责任多于权力或权力多于责任的情况。因此，责任分化意味着权力分担，如此将防止政策过程中权力过于集中的弊端，实现权力的合理分配。同时，良好的责任分化制度还可以降低责任风险。有了明确的权责分摊和分工，既可以防止责任过于集中到少数政策主体身上而无法有效完成分内之事的情况，又可以预防本属自己的职责所在却因责任不明而未能执行的情况，从而降低责任风险。当然，在责任分化的过程中，需要充分考虑相关利益主体的积极参与和责任承担，同时又确实考虑分担主体的责任能力。当然，政府等主体也应积极提高学前教育政策利益相关者的相关能力。"鉴于各利益主体自身参与能力有限，政府应着力帮助各利益主体提高参与公共事务的技能、增强参与的有效性，从而科学有效地彰显各利益主体应有的主体地位。"① 这也是政策主体责任担当的体现。

2. 责任承担制度

政策主体通过责任分化制度明确了自己的职责，然而这并没有规定如果没有做好分内之事会承担什么责任，承受何种责罚。因此，在责任分化制度基础上还需要有责任承担制度。如前所述，已有学前教育政策主体伦理问题中一个明显的问题就是在政策过程中没有对政策遵从与否的责任结果。没有这一责任结果，将会带来以下不足：一是导致部分政策主体在政策过程中不积极作为。政策主体会因没有要承担过失责任而心存侥幸的心理，导致政策过程中的消极作为。二是减弱政策的权威性。政策要有效推行必须要有权威性，要求相关主体绝对遵从。但没有责任后果的担当，政策就没有了威慑力，政策主体就可能因没有了责任压力而消极行动，导致政策权威受损。

合理的责任承担制度除了要明确没有做好分内之事会承担什么过失责任外，还要明确出色完成责任的奖励机制，以便更好地激发

---

① 胡福贞，邓家英，王睿懋，石敏，何浩. 重庆市学前教育体制改革政策文本的话语分析 [J]. 学前教育研究，2014 (7)：26 - 34.

政策主体的责任意识，促进激发政策主体的责任担当。

3. 责任监督制度

完善的责任制度还包括责任监督制度。责任监督制度意在查看并督促政策主体在政策过程中的职责完成情况，以此作为责任承担的基础。当然，责任监督不能只为了责任落实而监督，还需要为了责任反思而监督。通过责任反思，总结政策过程中责任划分是否合理、责任承担是否明确，以此保证政策效益的发挥和责任伦理的实现。当然，在责任监督制度的设置过程中，要尽力保证学前教育政策责任监督主体与学前教育政策其他主体的相对独立性，避免自我监督或因相互监督而出现的相互干扰等情况的发生。同时，责任监督要贯穿学前教育政策的整个过程。主体的政策行动一旦产生，责任监督就应相应展开，并一直持续到整个政策行为的结束。

综上，学前教育政策主体的责任素质和政策的责任制度是学前教育政策主体责任担当实现的主观条件和客观条件。只有通过政策主体责任素质的提升和政策责任制度的完善，才可能使学前教育政策主体在整个政策过程中真正表现责任担当的精神与行为，彰显政策主体的责任伦理，重建学前教育政策的伦理正当性。

结　语

　　学前教育政策中各种伦理问题意味着已有学前教育政策的伦理诉求不够完善，无法满足人们对学前教育政策的伦理期望和要求，从而引发人们对学前教育政策伦理正当性的追问与质疑，导致学前教育政策的伦理正当性危机。基于学前教育政策的动态解读，学前教育政策伦理诉求从简单化到系统化的转变，以及伦理正当性重建的应有维度，笔者从内容伦理、过程伦理和主体伦理三个方面进行探析，这一探析过程既是完善学前教育政策伦理诉求的过程，也是重建学前教育政策伦理正当性的过程。这一探析过程行将结束，但这并不意味着学前教育政策伦理正当性的重建也即将完成。

　　重建学前教育政策的伦理正当性并非一蹴而就便能实现，其需要经历一个相对漫长的过程：先要明确重建的伦理标准，继而确定重建的伦理维度，接着根据已有维度丰富和完善具体的伦理诉求，然后将这些伦理诉求在政策过程中加以实施，实施之后还需调查反思和评估。如果通过调查评估发现，新的伦理诉求已经满足或基本满足人们对政策的伦理要求和期望，有效减少乃至消除人们对政策的伦理质疑与追问，基本达成伦理共识，具有较好的政策效益，那么可以说，学前教育政策伦理正当性的重建过程基本完成，重建目标基本实现。反之，如果通过调查和评估发现新的伦理诉求在政策实践中没有达到预期效果，这就意味着重建过程还得继续。重建过程中就需要再次反思原有的重建伦理标准、伦理维度和具体伦理诉求是否合理、是否需要调整。

　　基于此，本研究提出的学前教育政策的伦理诉求能否最大限度地满足人们对学前教育政策的伦理期望和要求尚需进一步思考和验证。

　　一方面，虽然系统完备的学前教育政策伦理诉求有助于学前教育领域达成一种伦理共识，满足人们对学前教育政策的伦理期望和要求，有助于学前教育政策伦理正当性的重建。然而在政策实践中，几乎没有一项政策能完全满足人们的伦理期望和要求，完全消除人们的伦理正当性质疑，这意味着鲜有一项政策所倡导的伦理诉求能获得人们的一致认同而具有完满的正当性。因此，笔者在本研究中提出的学前教育政策的伦理诉求也仅仅是一种探索、一种尝试，学前教育政策的伦理正当性危机是否因此而得到深度化解，尚需进一步的理论思考和实践验证。

　　另一方面，学前教育政策伦理正当性的重建要经历一个动态的过程。如前所述，政策从不正当不合理到正当合理并非短时间就能实现，其中要经历多个环节和阶段。因此，丰富和完善学前教育政策的伦理诉求虽然是重建学前教育政策伦理正当性的重要阶段，但并非重建过程的全部。系统完备的学前教育政策伦理诉求在政策过程中具有十分重要的意义，诸如有效维护政策的道德权威，保障和增进儿童、家庭和社会的福利，实现对学前教育实践发展的道德引领等。然而这些意义只有在政策过程中才能发挥出来。并且，只有待到这些意义已然发挥，学前教育政策才能减少乃至消除其对政策的伦理质疑与追问，达成伦理共识。因此，在提出系统完备的学前教育政策的伦理诉求之后，还需要将这一系统化的伦理诉求贯穿于学前教育政策的整个过程之中。只有当学前教育政策的每次行动、每个行为都符合和体现这一系统化的伦理诉求，才能最大限度地满足人们对学前教育政策的伦理期望和要求，学前教育政策伦理正当性的重建才可能最终实现。

参考文献

（不同类别文献均按时间先后排序，时间相同文献按第一作者姓氏拼音字母排序。）

一、中文类

（一）

［1］〔古罗马〕奥古斯丁．忏悔录［M］．周士良，译．北京：商务印书馆，1963.

［2］〔英〕洛克．政府论：下篇［M］．叶启芳，译．北京：商务印书馆，1964.

［3］〔德〕马克思，恩格斯．马克思恩格斯选集：第二卷［M］．北京：人民出版社，1972.

［4］〔古希腊〕亚里士多德．政治学［M］．吴寿彭，译．北京：商务印书馆，1983.

［5］〔美〕杰克·普拉诺．政治学分析辞典［M］．胡杰，译．北京：中国社会科学出版社，1986.

［6］〔德〕康德．道德形而上学原理［M］．苗力田，译．上海：上海人民出版社，1986.

[7]〔美〕埃德加·博登海默. 法理学——法哲学及其方法[M]. 邓正来，等译. 北京：华夏出版社，1987.

[8]〔美〕加布里埃尔·A·阿尔蒙德. 比较政治学——体系、过程和政策[M]. 曹沛霖，译. 上海：上海译文出版社，1987.

[9]〔法〕萨特. 存在与虚无[M]. 陈宣良，等译. 北京：生活·读书·新知三联书店，1987.

[10]〔瑞士〕皮亚杰. 皮亚杰教育论著选[M]. 卢浚，译. 北京：人民教育出版社，1990.

[11]〔美〕斯图亚特.S. 那格尔. 政策科学百科全书[M]. 林明，等译. 北京：科学文献出版社，1990.

[12]〔法〕詹姆斯.E. 安德森. 公共政策[M]. 唐亮，译. 北京：华夏出版社，1990.

[13]〔德〕雅斯贝尔斯. 什么是教育[M]. 邹进，译. 北京：生活·读书·新知三联书店，1991.

[14]〔美〕E.R. 克鲁斯克，B.M. 杰克逊. 公共政策词典[M]. 唐理斌，等译. 上海：上海远东出版社，1992.

[15]〔美〕道格拉斯·C·诺斯. 经济史中的结构与变迁[M]. 陈郁，等译. 上海：上海三联书店1994.

[16]〔美〕亨利·罗索夫斯基. 美国校园文化——学生·教授·管理[M]. 谢宗仙，等译. 济南：山东人民出版社，1996.

[17]〔英〕哈耶克. 自由秩序原理[M]. 邓正来，译. 北京：生活·读书·新知三联书店，1997.

[18]〔加〕克里夫·贝克. 学会过美好生活——人的价值世界[M]. 詹万生，等译. 北京：中央编译出版社，1997.

[19]〔美〕亨廷顿. 第三波：20世纪后期民主化浪潮[M].

刘军宁，译．上海：上海三联书店1998．

[20]〔英〕伯特兰·罗素．教育与美好生活〔M〕．杨汉麟，译．石家庄：河北人民出版社，1999．

[21]〔德〕O. F. 博尔诺夫．教育人类学〔M〕．李其龙，译．上海：华东师范大学出版社，1999．

[22]〔美〕托马斯. R. 戴伊．公共政策新论〔M〕．罗清俊，译．台北：韦伯文化事业出版社，1999．

[23]〔美〕罗尔斯．政治自由主义〔M〕．万俊人，译．南京：译林出版社，2000．

[24]〔古希腊〕柏拉图．法律篇〔M〕．张智仁，译．上海：上海人民出版社，2001．

[25]〔美〕莱斯利·里普森．政治学的重大问题〔M〕．刘晓，译．北京：华夏出版社，2001．

[26]〔美〕约翰·杜威．民主主义与教育〔M〕．王承绪，译．北京：人民教育出版社，2001．

[27]〔英〕大卫·威勒，〔芬〕玛丽亚·西兰琶．利益相关者公司〔M〕．张丽华，译．北京：经济管理出版社，2002．

[28]〔美〕约翰·马丁·费舍，马克·拉维扎．责任与控制——一种道德责任理论〔M〕．杨韶刚，译．北京：华夏出版社，2002．

[29]〔古希腊〕亚里士多德．尼各马可伦理学〔M〕．廖申白，译．北京：商务印书馆，2003．

[30]〔古希腊〕柏拉图．柏拉图的《会饮》〔M〕．刘小枫，等译．北京：华夏出版社，2003．

[31]〔美〕列奥·施特劳斯．自然权利与历史〔M〕．彭刚，

译. 北京：生活・读书・新知三联书店, 2003.

[32] 〔德〕卡尔・施密特. 政治的概念 [M]. 刘宗坤, 译. 上海：上海人民出版社, 2004.

[33] 〔英〕罗素. 罗素道德哲学 [M]. 李国山, 译. 北京：九州出版社, 2004.

[34] 〔德〕马克斯・舍勒. 伦理学中的形式主义与质料的价值伦理学（上册）[M]. 倪梁康, 译. 北京：生活・读书・新知三联书店, 2004.

[35] 〔德〕马克斯・韦伯. 韦伯作品集（Ⅴ）：中国的宗教/宗教与世界 [M]. 康东, 等译. 桂林：广西师范大学出版社, 2004.

[36] 〔美〕科恩. 论民主 [M]. 聂从信, 译. 北京：商务印书馆, 2005.

[37] 〔德〕魏德士. 法理学 [M]. 丁晓春, 译. 北京：法律出版社, 2005.

[38] 〔美〕卡洛琳・爱德华兹等. 儿童的一百种语言 [M]. 罗雅芬, 译. 南京：南京师范大学出版社, 2006.

[39] 〔美〕杜威. 哲学的改造 [M]. 胡适, 译. 合肥：安徽教育出版社, 2006.

[40] 〔英〕芭芭拉・亚当. 时间与社会理论 [M]. 金梦兰, 译. 北京：北京师范大学出版社, 2009.

[41] 〔美〕刘易斯・芒福德. 技术与文明 [M]. 陈允明, 译. 北京：中国建筑工业出版社, 2009.

[42] 〔美〕约翰・罗尔斯. 正义论 [M]. 何怀宏, 等译. 北京：中国社会科学出版社, 2009.

[43] 〔德〕尤尔根・哈贝马斯. 合法性危机 [M]. 刘北成,

曹卫东，译. 上海：上海世纪出版社，2009.

[44]〔德〕马克斯·韦伯. 经济与社会：第一卷［M］. 阎克文，译. 上海：上海人民出版社，2010.

[45]〔美〕威廉·S. 邓恩. 公共政策分析导论［M］. 谢明，等译. 北京：中国人民大学出版社，2010.

[46]〔德〕哈贝马斯. 在事实与规范之间［M］. 童世骏，译. 北京：生活·读书·新知三联出版社，2011.

[47]〔美〕卡罗尔·格斯特维奇. 发展适宜性实践：早期教育课程与发展［M］. 霍力岩，译. 北京：教育科学出版社，2011.

[48]〔意〕玛利亚·蒙台梭利. 有吸收力的心灵［M］. 高潮，等译. 北京：中国发展出版社，2011.

[49]〔美〕施特劳斯. 什么是政治哲学［M］. 李世祥，译. 北京：华夏出版社，2011.

[50]〔美〕埃莉诺·奥斯特罗姆. 公共事物的治理之道［M］. 余逊达，译. 上海：上海译文出版社，2012.

[51]〔德〕恩斯特·布洛赫. 希望的原理：第一卷［M］. 梦海，译. 上海：上海译文出版社，2012.

[52]〔美〕列奥·施特劳斯. 霍布斯的政治哲学［M］. 申彤，译. 南京：译林出版社，2012.

[53]〔美〕列奥·施特劳斯. 论柏拉图的《会饮》［M］. 邱立波，译. 北京：华夏出版社，2012.

[54]〔法〕卢梭. 爱弥尔［M］. 李平沤，译. 北京：商务印书馆，2012.

[55]〔法〕卢梭. 社会契约论［M］. 何兆武，译. 北京：商务印书馆，2012.

[56]〔德〕马丁·海德格尔.存在与时间［M］.陈嘉映,译.北京：生活·读书·新知三联书店,2012.

[57]〔法〕孟德斯鸠.论法的精神［M］.许明龙,译.北京：商务印书馆,2012.

[58]〔古希腊〕亚里士多德.政治学［M］.吴寿彭,译.北京：商务印书馆,2012.

[59]〔德〕马克斯·韦伯.学术与政治［M］.冯克利,译.北京：生活·读书·新知三联书店,2013.

（二）

[60]赵祥麟.杜威教育论著选［M］.上海：华东师范大学出版社,1981.

[61]皮纯协、徐理明.简明政治学词典［M］.郑州：河南人民出版社,1986.

[62]中国学前教育史编写组.中国学前教育史资料选［M］.北京：人民教育出版社,1989.

[63]中共中央毛泽东选集出版委员会.毛泽东选集：第4卷［M］.北京：人民出版社,1991.

[64]中共中央文献编辑委员会.邓小平文选：第2卷［M］.北京：人民出版社,1994.

[65]施良方.学习论［M］.北京：人民教育出版社,1994.

[66]林崇德.发展心理学［M］.北京：人民教育出版社,1995.

[67]孙周兴.海德格尔选集：上［M］.北京：上海三联书店,1996.

[68]张国庆.现代公共政策导论［M］.北京：北京大学出版

社，1997.

[69] 刘晓东. 儿童精神哲学 [M]. 南京：南京师范大学出版社，1999.

[70] 王成栋. 政府责任论 [M]. 北京：中国政法大学出版社，1999.

[71] 中国学前教育研究会. 中华人民共和国幼儿教育重要文献汇编 [M]. 北京：北京师范大学出版社，1999.

[72] 俞可平. 权利政治与公益政治 [M]. 北京：社会科学文献出版社，2000.

[73] 何怀宏. 伦理学是什么 [M]. 北京：北京大学出版社，2002.

[74] 陈振明. 公共政策分析 [M]. 北京：中国人民大学出版社，2003.

[75] 刘复兴. 教育政策的价值分析 [M]. 北京：教育科学出版社，2003.

[76] 宁骚. 公共政策学 [M]. 北京：高等教育出版社，2003.

[77] 孙国华. 法的形成与运作原理 [M]. 北京：法律出版社，2003.

[78] 孙彩平. 教育的伦理精神 [M]. 太原：山西教育出版社，2004.

[79] 万钫. 学前卫生学 [M]. 北京：北京师范大学出版社，2004.

[80] 简楚瑛. 幼儿教育与保育的行政与政策 [M]. 上海：华东师范大学出版社，2005.

[81] 胡晓风. 陶行知教育文集 [M]. 成都：四川教育出版

社，2005.

[82] 吴遵民. 基础教育决策论 [M]. 上海：华东师范大学出版社，2006.

[83] 张新平. 教育管理学导论 [M]. 上海：上海教育出版社，2006.

[84] 蔡迎旗. 幼儿教育财政投入与政策 [M]. 北京：教育科学出版社，2007.

[85] 陈鹤琴. 陈鹤琴文集 [M]. 南京：江苏教育出版社，2007.

[86] 刘小枫. 沉重的肉身 [M]. 北京：华夏出版社，2007.

[87] 鄢超云. 朴素物理理论与儿童科学教育 [M]. 南京：江苏教育出版社，2007.

[88] 刘杨. 法律正当性观念的转变 [M]. 北京：北京大学出版社，2008.

[89] 谢金林. 公共政策的伦理基础 [M]. 长沙：湖南大学出版社，2008.

[90] 严强. 公共政策学 [M]. 北京：社会科学文献出版社，2008.

[91] 张秀兰. 中国教育发展与政策30年 [M]. 北京：社会科学文献出版社，2008.

[92] 辞海编辑委员会. 辞海（第6版）[M]. 上海：上海辞书出版社，2009.

[93] 李钢. 话语 文本 国家教育政策分析 [M]. 北京：社会科学文献出版社，2009.

[94] 庞丽娟. 中国教育改革30年：学前教育卷 [M]. 北京：

北京师范大学出版社，2009.

[95] 刘世清. 教育政策伦理［M］. 上海：上海教育出版社，2010.

[96] 刘小枫. 城邦与自然——亚里士多德与现代性［M］. 北京：华夏出版社，2010.

[97] 赵汀阳. 论可能生活［M］. 北京：中国人民大学出版社，2010.

[98] 郑富兴. 当代学校组织的伦理基础［M］. 北京：教育科学出版社，2010.

[99] 范国睿. 教育政策的理论与实践［M］. 北京：上海教育出版社，2011.

[100] 庞丽娟. 国际学前教育法律研究［M］. 北京：北京师范大学出版社，2011.

[101] 黎琼峰. 教学价值与美好生活［M］. 北京：人民教育出版社，2012.

[102] 杨旭东. 时间意识与教育之思——现象学态度与教育研究［M］. 北京：中国传媒大学出版社，2012.

[103] 周小虎. 幼儿教育政策法规［M］. 上海：华东师范大学出版社，2014.

（三）

[104] 伊根·古巴. 政策的定义对政策分析的性质和结果的影响［J］. 教育领导，1984（10）：47.

[105] 季卫东. 法律程序的意义——对中国法制建设的另一种思考［J］. 中国社会科学，1993（1）：83-103.

[106] ［法］让—马克·思古德. 什么是政治的合法性？［J］.

王雪梅，译．外国法译评，1997（2）：12 – 19.

[107] 雷颐．黄金十年 [J]．读书，1997（9）：97 – 102.

[108] 陈炳辉．试析哈贝马斯的重建性的合法性理论——兼与胡伟同志商榷 [J]．政治学研究，1998（2）：82 – 88.

[109] 肖建国．程序公正的理念及其实现 [J]．法学研究，1999（3）：5 – 23.

[110] 石元康．天命与正当性：从韦伯的分类看儒家的政道 [J]．开放时代，1999（6）：5 – 23.

[111] 姚大志．论程序正义 [J]．天津社会科学，2000（4）：39 – 42.

[112] 祁型雨．论教育政策的主体 [J]．教育理论与实践，2000（7）：16 – 18.

[113] 金生鈜．教育哲学怎样关涉美好生活？ [J]．华东师范大学学报（教育科学版），2002（2）：17 – 21.

[114] 虞永平．为了生活 了解生活 利用生活——兼谈＜幼儿园教育指导纲要（试行）＞中的生活理念 [J]．早期教育，2001（11）：4 – 5.

[115] 王德林、王春丽、王艳芝．脑科学的新进展带给学前教育的启示 [J]．学前教育研究，2003（2）：7 – 10.

[116] 刘复兴．教育政策的价值系统 [J]．清华大学教育研究，2003（2）：6 – 13.

[117] 刘继同．社会福利与社会保障界定的"国际惯例"及其中国版涵义 [J]．学术界，2003（2）：57 – 66.

[118] 毛羽．凸显"责任"的西方应用伦理学——西方责任伦理述评 [J]．哲学动态，2003（9）：20 – 24.

[119] 刘永芳. 价值范式及其对教育政策主体的价值分析 [J]. 扬州大学学报（高教研究版），2004（3）：7-10.

[120] 张顺. 多重视角中的公共政策与公共政策分析 [J]. 理论探讨，2004（3）：84-88.

[121] 陈潭. 公共政策：谁之政策？何种政策？[J]. 行政与法，2004（5）：9-11.

[122] 傅松涛、刘树船. 教育生活简论 [J]. 河北大学学报（哲学社会科学版），2004（5）：1-5.

[123] 叶澜."教育的生命基础"之内涵 [J]. 山西教育，2004（6）：1.

[124] 卢乐珍. 让道德启蒙融入幼儿生活 [J]. 学前教育研究，2004（9）：9-11.

[125] 邵广侠. 道德教育要引导人过上美好生活 [J]. 云南社会科学，2005（3）：28-31.

[126] 王小章. 自由·共同体·正当性——经典社会理论与现代性的三个核心问题 [J]. 学术论坛，2005（7）：106-110.

[127] 杜晓利. 论教育政策问题及其构建 [J]. 当代教育论坛，2005（15）：18-20.

[128] 杨正联. 公共政策文本分析：一个理论框架 [J]. 理论与改革，2006（1）：24-26.

[129] 朱家雄、王峥. 从教育人类学视角看学前教育的政策走向和政策制定 [J]. 幼儿教育（教育科学版），2006（1）：9-11.

[130] 江红霞. 简论教育政策制定中人的有限理性 [J]. 教学与管理，2006（9）：3-4.

[131] 冯建军. 程序公正：制度化教育公正的重要原则 [J].

教育发展研究，2007（Z1）：45－47.

[132] 石火学. 和谐社会建设中教育政策伦理的选择［J］. 高等工程教育研究，2007（1）：44－46.

[133] 刘毅. "合法性"与"正当性"译词辨［J］. 博览群书，2007（3）：55－60.

[134] 苗振国. 幸福学视角下的公共政策价值重塑［J］. 燕山大学学报（哲学社会科学版），2007（3）：45－48.

[135] 许丽英、谢津郴. 公共政策程序正义与公共利益的实现［J］. 学术界，2007（4）：177－181.

[136] 李大治、王二平. 公共政策制定程序对政策可接受性的影响［J］. 心理学报，2007（6）：1093－1101.

[137] 刘杨. 正当性与合法性概念辨析［J］. 法制与社会发展，2008（3）：12－21.

[138] 庞丽娟、沙莉、刘小蕊. 英国布莱尔政府学前教育改革政策及其主要特点［J］. 比较教育研究，2008（8）：34－38.

[139] 李建华. 公共政策程序正义及其价值［J］. 中国社会科学，2009（1）：64－69.

[140] 赵淼. 在合法性与正当性之间——马克斯·韦伯正当性理论的当代解读［J］. 贵州师范大学学报（社会科学版），2009（5）：35－39.

[141] 鄢晓宇. 英国：教育政策毁了学生的童年［J］. 比较教育研究，2009（8）：93.

[142] 李建忠. 欧盟教育质量标准评述［J］. 中国教育政策评论，2010（1）：257－272.

[143] 高力. 执政主体伦理分析［J］. 云南大学学报（社会科

学版），2010（2）：30－33.

［144］刘世清．我国教育政策伦理的缺位与现实对策［J］．教育科学研究，2010（2）：5－9.

［145］吴荔红．基于公平的学前教育政策保障［J］．宁波大学学报（教育科学版），2010（6）：24－26.

［146］朱永坤．利益相关者缺席——影响教育政策程序公平的重要因素［J］．教育科学研究，2010（8）：9－13.

［147］陈鑫．以理性选择视角分析中国教育政策伦理［J］．海峡科学，2010（9）：18－19.

［148］张军凤．教育政策程序正义［J］．教育理论与实践，2010（16）：24－27.

［149］彭华安．教育政策伦理及其价值诉求［J］．教育理论与实践，2010（34）：28－30.

［150］虞永平．切实认清学前教育“质量低”的问题［J］．期教育（教师版），2011（Z1）：4－6.

［151］毛新志．转基因作物产业化的伦理学研究［J］．武汉理工大学学报（社会科学版），2011（4）：451－457.

［152］贺武华．科学与民主的决策——《国家中长期教育改革和发展规划纲要（2010—2020年)》制定过程分析［J］．教育发展研究，2011（5）：60－64.

［153］杨小敏．重大教育决策过程中的网络舆情——基于《纲要》二次征求意见期间新闻门户网站Web文本的分析［J］．复旦教育论坛，2011（6）：68－73.

［154］刘荣．利益相关者共同治理视阈下的教育政策制定［J］．现代教育科学，2011（9）：21－24.

[155] 石火学. 教育政策程序正义的必要性与价值 [J]. 国家教育行政学院学报, 2011 (10): 44-48.

[156] 秦旭芳、王默. 学前教育普惠政策的价值分析 [J]. 教育研究, 2011 (12): 28-31.

[157] 周欣、周晶、刘婷. 可持续性早期儿童发展政策的理念和实施——亚太地区国家早期儿童发展政策制定的进展 [J]. 幼儿教育, 2011 (18): 51-55.

[158] R.M. 蒂特马斯, 刘继同, 译. 普惠性社会服务与选择性社会服务 [J]. 社会福利 (理论版), 2012 (4): 2-7.

[159] 许淑萍. 公共政策伦理评价标准的演进及当代探究 [J]. 上海行政学院学报, 2012 (4): 27-33.

[160] 孙绵涛. 试析教育政策伦理的局限性——一种后设伦理学分析的视角 [J]. 教育研究, 2012 (7): 4-8.

[161] 朱家雄. 从国际经合组织的"强势开端Ⅲ"看早期教育政策 [J]. 幼儿教育, 2012 (7): 4-5.

[162] 杨伟祖. 美好生活方式 还原生命本来 [J]. 人与自然, 2012 (9): 9-11.

[163] 杨进, 柳海民. 论美好生活与学校教育 [J]. 教育研究, 2012 (11): 11-15.

[164] 周欣. 21 世纪的早期儿童: 儿童生活、游戏、探究和学习周围世界的权利——世界学前教育组织 (OMEP) 2012 年工作会议和学术研讨会综述 [J]. 幼儿教育, 2012 (34): 24-25 页。

[165] 刘优良. 幼儿教育券: 价值阐释与政策审思——以南京市幼儿助学券为例 [J]. 中国教育学刊, 2012 (11): 15-18.

[166] 程晓明. 对中央政府有关幼儿教育政策文件的分析与建

议［J］．学前教育研究，2014（1）：36－42．

［167］涂端午、魏巍．什么是好的教育政策［J］．教育研究，2014（1）：47－53．

［168］王东．普惠性学前教育：内涵与政策意蕴［J］．教育科学，2014（2）：26－31．

［169］徐赟．教育政策研究的一个可能视域——教育政策与教育实践的关系［J］．扬州大学学报（高教研究版），2014（3）：3－7．

［170］胡福贞、邓家英、王睿慜、石敏、何浩．重庆市学前教育体制改革政策文本的话语分析［J］．学前教育研究，2014（7）：26－34．

［171］王海英．民办幼儿园发展诸多乱象的原因透视及政策建议——从"幼儿园喂药"事件持续发酵说起［J］．幼儿教育，2014（15）：1－7．

［172］杨卫安．我国未来学前教育投入的规划与预测［J］．学前教育研究，2015（8）：21－33．

［173］谭诤．教育政策主体分类说［J］．教育理论与实践，2015（10）：27－30．

［174］葛绪锋，邓永进．伦理学视野下民族旅游开发中的文化商品化研究［J］．资源开发与市场，2015（12）：1515－1519．

［175］徐莹莹．新中国成立以来我国学前教育性质的反思——基于新中国成立以来学前教育相关政策文本的分析［J］．文教资料，2015（16）：146－148．

［176］王海英．中国学前教育政策的转型及未来走向［J］．幼儿教育，2015（18）：3－11．

（四）

[177] 孙艳霞. 教育政策道德性研究——义务教育城乡差距的归因与路径探析 [D]. 长春：东北师范大学，2006.

[178] 谢金丽. 论教育与人的美好生活 [D]. 郑州：河南大学，2006.

[179] 方钧君. 基于教育券思想的政府投资幼儿教育政策研究 [D]. 上海：华东师范大学，2007.

[180] 杨进. 论美好生活与学校教育 [D]. 长春：东北师范大学，2009.

[181] 武岭. 公平与效率关系视域下的我国学前教育政策研究 [D]. 重庆：西南大学，2010.

[182] 唐丰鹤. 在经验和规范之间：法律正当性的范式转换 [D]. 上海：华东政法大学，2013.

[183] 王举. 论教育政策的价值基础 [D]. 华东师范大学，2013.

（五）

[184] 幼儿园教育指导纲要（试行）[EB/OL]. 中华人民共和国教育部官网，2001 - 07 - 02.

[185] 关于幼儿教育改革与发展的指导意见 [EB/OL]. 中华人民共和国教育部官网，2003 - 01 - 27.

[186] 国家中长期教育改革和发展规划纲要（2010—2020 年）[EB/OL]. 中华人民共和国教育部官网，2010 - 07 - 29.

[187] 国务院关于当前发展学前教育的若干意见 [EB/OL]. 中国政府网，2010 - 11 - 24.

[188] 教育部关于规范幼儿园保育教育工作 防止和纠正“小学

化"现象的通知 ［EB/OL］. 中华人民共和国教育部官网，2011 –
12 – 28.

［189］3—6 岁儿童学习与发展指南 ［EB/OL］. 中华人民共和
国教育部官网，2012 – 10 – 15.

［190］江苏省教育系统重大行政决策程序规定（试行） ［EB/
OL］. 2013 – 11 – 30. http：//www. ec. js. edu. cn/art/2013/12/12/art
_ 4267_ 140530. html

［191］教育部 国家发展改革委 财政部关于实施第二期学前教育
三年行动计划的意见 ［EB/OL］. 中华人民共和国教育部官网，
2014 – 11 – 05.

［192］成都市公办幼儿园生均公用经费有了标准 ［EB/OL］.
2014 – 11 – 26. http：//www. cdedu. gov. cn/news/Show. aspx? id = 46481

［193］《国家中长期教育改革和发展规划纲要》中期评估：学
前教育专题评估报告 ［R/OL］. 中华人民共和国教育部官网，
2015 – 11 – 24.

［194］教育部 2016 年工作要点 ［EB/OL］. 中华人民共和国教
育部官网，2016 – 02 – 05.

［195］教育部等四部门关于实施第三期学前教育行动计划的意
见 ［EB/OL］. 中华人民共和国教育部官网，2017 – 04 – 17.

二、英文类

［1］ D. Easton. The Political System ［M］. New York：Kropf,
1953.

［2］Leo Strauss. Natural Right and History ［M］. Chicago：University of Chicago Press，1953.

[3] Carl J. Friedrich. Man and His Government ［M］. New York：McGraw – Hill，1963.

[4] Harold D. Lasswell. The Future of Political Science ［M］. New York：Atherton Press，1963.

[5] Moore，W. E. Man，Time and Society ［M］. New York：John Wiley，1963.

[6] H. D. Lasswell，A. Kaplan. Power and Society ［M］. New Haven：Yale University Press，1970.

[7] R. Eyestone. The Threads of Public Policy：A Study in Policy Leadership ［M］. Indianapolis：Bobbs – Merril，1971.

[8] Jürgen Habermas. Communication and the Evolution of Society ［M］. Boston：Beacon Press，1979.

[9] J. G. Merquior，Rousseau and Weber：Two studies in the theory of legitimacy ［M］，London：Routledge & Kegan Paul，1980.

[10] Freeman. R. E. Strategic Management：A Stakeholder Approach ［M］. Boston，MA：Pitman. 1984.

[11] Elkind，D. Miseducation：Preschoolers at risk ［M］. New York：Alfred A. Knopf，1988.

[12] J. A. Sinmpos and E. S. C. Weiner. The Oxford English Dictionary ［M］. Volume VIII. Oxford University Press，1989.

[13] Constructing and Reconstructing Childhood：Contemporary Issues in the Sociological Study of Childhood ［M］. London：The Falmer Press. 1990.

[14] David Halpin，Barry Troyna. Researching Education Policy：

Ethical and Methodological Issues ［M］. Washington, DC：The Falmer Press, 1994.

［15］ Taylor. S, Rizvi. F, Lingard. B, Henry. M. Education policy and the politics of change ［M］. London and New York：Routledge, 1997.

［16］ Raymond Gess. Public Goods & Private Goods ［M］. Princeton and Oxford：Princeton University Press, 2003.

［17］ Lawrence J. Schweinhart. The High/Scope Perry Preschool Study Through Age 40：Summary, Conclusion, and Frequently Asked Questions ［M］. Ypsilanti, MI：High/Scope Press. 2005.

［18］ Dennis F. Thompson. Paradoxes of Government Ethics ［J］. Public Administration Review, 1992, 52 (3)：254 – 259.

［19］ Heckman, James J. Policies to Foster Human Capital ［J］. Research in Ecnomincs, 2000, (1)：3 – 56.

［20］ Magnuson, K. A. , and J. Waldfogel. Early Childhood Care and Education：Effects on Ethnic and Racial Gaps in School Readiness ［J］. The Future of Children, 2005, 15 (1)：169 – 196.

后　记

　　写作行进至此，心中几多感慨。约十年前，我开始关注学前教育政策。在研究中，基于对"好政策"的思索，确定了"学前教育政策的伦理正当性"这一研究主题。回望逝去的写作历程和业已完成的点滴文字，心里并不轻松。清代学人石韫玉曾言："精神到处文章老，学问深时意气平。"以此对照自己的文字，实在相去甚远。唯有终日乾乾，方能几近仰望。然文字已然织就，它是过去数年研究的一个阶段性结果，凝聚着自己不断探索的心血，承载着几多期许的目光。研究与写作之初，以一种"从头开始、热爱智慧"的心态进入场域，能够一路走下来，着实得感谢这些期许的目光。这些目光伴我前行，给我压力，给我动力。

　　研究与写作过程充满艰辛，也充满愉悦。在此过程中，有幸不断走近经典著作和经典大家，如《礼记》《论语》《理想国》《会饮》，孔子、苏格拉底、柏拉图、亚里士多德等，这给人"不亦说乎"之感。苏格拉底曾言："就像别人被一匹马、一条好狗或一只灵鸟取悦那样，我自己则因好朋友们而获得更高的快乐……古代的贤人们通过将它们写进书中而遗留下来的财富，我与我的朋友们一起开启它并穿行其中，而且如果我们发现了什么好东西，我们就把它挑出来，并当做一次丰盛的收获，倘若我们因此而能相互促益的话。"愉悦的感受往往让人忘却写作的艰辛。当然，研究与写作的过程并非只有艰辛与愉悦，个中复杂感受常常难以言表，或许只有亲历一番才能深切明了。

"落其实者思其树，饮其流者怀其源。"本研究的推进和书稿的完成要特别感谢吴定初先生的关爱和指导。先生求真务实的态度、博学精思的风范、正心问学的作风、谦虚持志的品格、爱生忠诲的德行，时时激励着我。先生之状态确如《诗》中所云："有斐君子，如切如磋，如琢如磨。"仰望先生之境，学生"心向往之"。唯有在研究与生活中日新又新，以求有所突破。

本书的写作与出版离不开师友的帮助。刘先强教授、鄢超云教授、雷云教授、李敏教授等的真情关怀和悉心指导，让我受益良多、倍受感动。

家人的关爱是我研究和写作的动力与源泉。他们不辞辛劳、鼎力支持、耐心付出，给予我前行的动力。我每前进一步，都离不开他们的支持。同时，在研究和写作过程中，儿子也给我特别的"帮助"。虽然他现在不到7岁，可谓少不更事，但他使我有更饱满的热情和更充足的理由进入学前教育政策这一领域；并且，在以研究者的身份关注学前教育政策和学前教育实践时，还能时时切换到父亲和家长的身份。因为他，我更加深切感受到学前领域"好政策"的价值，体会到"以儿童为师"的含义，更加明晰学前儿童属己的本真世界的意蕴。学前儿童的童真和童趣需要人们去发现和关注，更需要学前教育政策去关爱和关怀，这也是我研究该问题的现实源泉。

美国学者施特劳斯曾说："热爱智慧就是：即便意识到所有属人

的东西最终都会灰飞烟灭仍然寻求真实，不顾及对自己来说是否拥有整个永恒——带着完满的宁静，没有一时的仓促，虽总感急迫，却从不匆忙——勇于美好的冒险，时刻准备着整个儿从头开始。"虽然这一主题的研究与写作行将结束，但只要真正热爱智慧，追求智慧的过程就不会结束、不应停止，而且可以从头再来。倘若新的研究探索将要开启，那就再次从头开始，走向上的路。如若真像古希腊哲人赫拉克利特所说的那样，"向上的路和向下的路是同一条路"，那就朝着向上的方向。

本书不足之处在所难免，敬请读者批评指教。

2019 年春

于蓉城自牧堂